自治体議会政策学会叢書

# 自治体法務の最前線
―現場からはじめる分権自治―

提中 富和 著

イマジン出版

# 目　　次

はじめに ………………………………………………………… 7
推薦の言葉 ……………………………………………………… 9

1　いまでも機関委任事務を続けていませんか ……………… 11
　　機関委任事務は明治以来の仕組みを温存 ……………… 11
　　各省大臣と知事と市町村長は上司と部下の関係 ……… 12
　　通達がものを言う内部の関係 …………………………… 13
　　議会や監査委員は部外者扱い …………………………… 14
　　機関委任事務の廃止ははじめてではない ……………… 15
　　ピラミッド形態から水平的広がりの構図へ …………… 15

2　法定受託事務は「自治体の事務」なのか ………………… 17
　　機関委任事務と変わらない仕組みを温存 ……………… 18
　　法定受託事務は条例制定が可能 ………………………… 18
　　もともと想定していたのは国の事務 …………………… 19
　　法定受託事務と自治事務はやはり違うもの …………… 20
　　固有の自治事務領域以外の領域の事務 ………………… 21
　　自治体と国の役割分担の原則を素直に読むべき ……… 21
　　法定受託事務が増加するのを牽制しよう ……………… 22

3　国から自治体への関与のルールができた ………………… 24
　　地方自治法の一般ルール法が国の立法権を制約する … 24
　　関与の基本類型を提示して個別法を制約する ………… 26
　　個別法抜きでも関与ができる …………………………… 28
　　市町村に対する関与は都道府県の執行機関が行う …… 28
　　行政手続法を範とした関与手続きのルール化 ………… 29
　　事後の司法判断の保障で法治主義は貫徹 ……………… 30
　　国庫支出金は関与のルール外 …………………………… 30

4　自治体から国へ訴訟が起こせる …………………………… 32
　　分権改革は自治体の成人式？ …………………………… 32

|   |   |   |
|---|---|---|
|   | 法主体同士の関係でないと裁判所が取り合わないのが原則 | …… 34 |
|   | 法主体同士の関係でなくても裁判所が取り合ってくれる場合がある | ………………… 34 |
|   | 法主体同士の関係なら訴訟が起こせるはず | ………………… 35 |
|   | 国等の関与に関する訴訟は機関訴訟なの？ | ………………… 36 |
|   | 国等の関与に関する訴訟に臆することなかれ | ………………… 38 |

| 5 | 係争処理の第三者機関は中立・公平なレフェリーたりうるか | ………………… 39 |
|---|---|---|
|   | 裁定機関から勧告機関へ | ………………… 40 |
|   | 国地方係争処理委員会は総務省の所管 | ………………… 41 |
|   | 自治紛争処理委員の審査は東京で行われる？ | ………………… 42 |
|   | 係争処理は行政内部の争いではない | ………………… 43 |

| 6 | 市町村と都道府県の対等関係を築こう | ………………… 45 |
|---|---|---|
|   | 都道府県庁の中間管理職的立場はなくなった | ………………… 45 |
|   | 上下関係の色彩のある都道府県の役割を縮減 | ………………… 46 |
|   | 都道府県条例と市町村条例の間に上下はない | ………………… 48 |
|   | 都道府県と市町村の間にもあった機関委任事務 | ………………… 49 |
|   | 対等関係に基づく事務委託は活用されない | ………………… 50 |
|   | 都道府県の職員の代わりをさせられていた市町村職員 | …… 50 |
|   | 関与の挟み撃ちに逢う都道府県 | ………………… 52 |
|   | 都道府県・市町村関係の上乗せルールの条例化 | ………………… 53 |

| 7 | 条例制定権が拡大した | ………………… 55 |
|---|---|---|
|   | 法令違反かどうかは法令の解釈次第 | ………………… 56 |
|   | 条例は政・省令にも違反してはならないのか | ………………… 57 |
|   | 法律による条例委任も所詮は限界付き | ………………… 58 |
|   | 法令の立法の原則と解釈運用の原則ができた | ………………… 58 |
|   | 自治事務立法はどこまでが国の役割か | ………………… 60 |
|   | 条例委任は条例制定権の創設か確認か | ………………… 62 |
|   | 法令事務条例か自主条例か | ………………… 63 |
|   | 法定受託事務についても遠慮は要らない | ………………… 65 |

条例づくりの冒険をしよう …………… 66
8　住民みんなで「自治基本条例」をつくろう ………… 67
　　　条例は住民がみんなで決める約束事 …………… 67
　　　憲法は国の政治設計図 ……………… 68
　　　自治基本条例の原型は「ホーム・ルール・チャーター」 … 69
　　　自治基本条例で「公共」を再定義する ……………… 70
　　　自治体の「政治設計図」の中心は住民 ……………… 72
　　　自治体の「信託のかたち」は住民参加が基本 ……………… 73
　　　行政監視も住民参加で行う ……………… 75
　　　条例主義を基本原則に掲げよう ……………… 76
　　　自治基本条例は自治体の最高法規 ……………… 77
　　　自治基本条例の制定手続を条例で定める ……………… 78

9　三位一体の改革がこの国のかたちを変える ………… 80
　　　4兆円だけでは未完の改革に終わる ……………… 81
　　　自治体は仕事が多いのに税収が少ない ……………… 83
　　　自治体の仕事量は地方財政計画で決められる ……………… 83
　　　補助金の削減は自治体の自由度を高める ……………… 85
　　　負担金は事務の義務づけの縛りのほうが問題 ……………… 85
　　　自治体の借金残高は200兆円に達する ……………… 86
　　　元利償還の約束手形は不渡りになるかも ……………… 88
　　　税は住民との対話の手段 ……………… 89
　　　2004年度は1兆円の削減 ……………… 89
　　　中央省庁をお金の分配業から解放する ……………… 91
　　　財政調整の仕組みが残された課題 ……………… 92

10　個別法の地方分権に挑む ……………… 93
　　　関与の一般ルール法が生きていない ……………… 93
　　　係争処理が仕掛けられないとなると直接執行か ……………… 94
　　　役割分担の原則も生きていない ……………… 95
　　　構造改革特別区域よりも役割分担の原則 ……………… 96
　　　規律密度を高くしているのは政・省令 ……………… 98

　　　　枠組法か標準法か ……………………………………… 100
　　　　訓示規定ではおかしい …………………………………… 101

11　次のステップは住民分権 ……………………………………… 103
　　　　条例中の「市」や「町」は誰のこと？ ………………… 103
　　　　住民訴訟の構造がうまく言い当てていた ……………… 104
　　　　自治体職員と住民との不幸な対立の構図 ……………… 106
　　　　対立の構図は日本の伝統？ ……………………………… 106
　　　　うまく行っていないことも情報共有 …………………… 107
　　　　住民に決定を丸投げする ………………………………… 108
　　　　直接請求は重いもの ……………………………………… 109
　　　　住民分権へ ………………………………………………… 110

12　分権時代は政策法務とともに ………………………………… 112
　　　　伝統的法務は中央省庁の法律解釈の枠の中 …………… 113
　　　　法制執務は改正内容を分かり難くさせる技術？ ……… 114
　　　　政策法務は自治体の法令解釈権とともに ……………… 115
　　　　地方分権が政策法務の世界を広げる …………………… 115
　　　　政策法務は理論と実務を射程に ………………………… 116
　　　　政策法務はPlan→Do→Seeサイクルで ………………… 117
　　　　Planでは立法事実を備えているか等の事前評価 ……… 117
　　　　Doは条例で定めた行政手法の執行 ……………………… 118
　　　　See段階の訴訟にマイナス・イメージは禁物 ………… 121
　　　　政策法務は現場の実践から生まれる …………………… 122
　　　　法律に強く政策法務を実践するタイプの職員を目指そう … 122

著者紹介 ……………………………………………………………… 125
コパ・ブックス発刊にあたって …………………………………… 126

# はじめに

　2000年4月に地方分権一括法が施行されて以来、「分権時代の到来」という言葉が枕詞のように使われていますが、果たして「分権時代がはじまった」と言えるのでしょうか。

　分権一括法は、中央省庁の抵抗に対し、地方分権推進委員会の委員のみなさんがねばり強く膝詰め交渉を重ねてくれた結果、ようやく日の目を見たものです。このような生い立ちの分権一括法ですから、自治体側の、いわば「権利のための闘争」（これはドイツの法学者イェーリングの古典的名著の題名）なくして、地方分権がひとりでに進んでいくとは考えられません。つまり、分権時代は自然にやってくるものではなく、誰かがはじめなければ、はじまらないものです。

　わたしたち自治体職員がこのことを見過ごしていてよいはずはありませんから、わたしは、自治体職員のみなさんとともに「分権時代をはじめよう」と提案したいと思い、2002年10月から、当時勤務していた滋賀県市町村職員研修センターの季刊の情報誌「JUMP」に、このテーマで連載をはじめました。分権時代は、わたしたち自治体職員が分権改革により手に入れた"自己決定権"を使うことからはじまりますと、はじめました。そして、わたしたちは、今次の分権改革により、どのような権利ないし権限を手に入れたのでしょうか、また、どのような仕組みを使えるようになったのでしょうか、といった視点から、今次の分権改革に対するわたしの想いを語っていきました。

もともと12回分ぐらいの連載を構想していたのですが、２年間の研修センターへの派遣期間を終えた2004年３月末の時点では、第５回までしか連載することができず、残念に思っていました。それに加え、第６回以降で語りたいことは、そんなにゆっくりと構えてはいられない内容を含んでいました。そこで、大津市役所に戻ったことを期に、12回分を一気に、全国のみなさんに向けて発信したいと思っていましたところ、イマジン出版のご好意により、この度の発刊に漕ぎ着けることができました。

　さて、本書をつづっていく中で気がつくと、かなり突っ込んだ分権論を展開していました。そこで、本書の題名は『自治体法務の最前線』としました。そこには、あたかも、今次の分権改革が築いてくれた「ベースキャンプ」から進み出て、分権論議の攻防をくり広げているといったイメージがあります。

　分権改革は、これまでのように中央省庁や都道府県庁の庇護の下で“通達待ち”の姿勢を続けていたい自治体職員にとっては、楽な話ではありません。しかし、前例のない財政危機の時代を迎えた今日、誰も頼ることができず、住民とともに自分の頭で考えるしか、困難を乗り越える道はないと思います。そのためには、自治体職員のみなさんは、いち早く「通達依存症」から抜け出さなくてはなりません。本書が、全国の自治体職員のみなさんにとって、通達依存症を克服するための糧となることを願っています。また、本書は公共のことを分担し合おうという気概のある市民のみなさんに「分権時代をはじめよう」と呼びかけるメッセージでもあります。

2004年７月

　　　　　大津市建設部交通政策課参事　提(だい)　中(なか)　富(とみ)　和(かず)

# 推薦の言葉

『自治体法務の最前線―現場からはじめる分権自治』
を推薦します

上智大学法学部・法科大学院教授　北村喜宣

　地方分権時代に公務を担当する職員には、以前とは比べものにならないくらいの重たい責任が背負わされている。それは、「自分の頭で考える」ということである。こういう風にいうと、「何だ。大したことではないな」と考えるかもしれない。しかし、これは、まさに、「言うは易し・行うは難し」なのである。
　このようなことを言うのは、私自身、自治体職員研修をしていて、地方分権改革の意味すら理解できていない職員が多くいることを実感しているからである。こんな危ない職員に地方分権時代の行政を任せておいて大丈夫だろうか。どうすればうまく伝えられるのだろうか。悩みはつきない。私自身に限界があるとすれば、それは、やはり自分が職員ではないからである。どうしても研究者の立場から話しをするために、職員の気持ちを踏まえることができないのである。
　『自治体法務の最前線―現場からはじめる分権自治』と題する本書は、そうした悩みを持つ私にとっては、実にうらやましいくらいの内容を持っている。著者の提中富和さんは、大津市役所のベテラン職員であると同時に、職員研修や政策法務も担当し、さらには、専門誌への投

稿も積極的に行って学界との交流も進めるというように、自治体現場のマルチプレイヤーである。そうした経験を踏まえ、何よりも中心的読者である自治体職員の顔を思い浮かべつつ執筆された本書は、研究者の文章にはみられない迫力があり、十分な説得力を持っている。

　地方分権改革がスタートした2000年4月の前後で、法律がガラッと変わったわけではない。市民にとっても職員にとっても、第1次地方分権改革は、実に「みえにくい」改革であった。本書では、そもそもなぜ地方分権改革が必要だったのかが説明される。そして、この大改革を実行あらしめるには、発想の面での大転換も必要だとされるのである。平板な解説ではなく、そこには、分権推進に対する提中さんの熱い想いを感じることができる。その議論は、決して独善的ではない。書物の性格上、文献引用は最小限に抑えられているが、地方分権をめぐる学界の議論が十分に踏まえられていることがわかる。

　国が変わる、法律が変わる。そうなればよいけれども、現実には、難しい。そうであるとすれば、自治体側から行動しなければならない。足を踏まれている側が声を出さないかぎり、踏んでいる側には伝わらないのである。

　どのように考えればよいのだろうか。どのように行動すればよいのだろうか。唯一の正解などありはしない。自治体ごとに試行錯誤をして、自分たちの方法をみつけなければならない。それにあたって、『自治体法務の最前線―現場からはじめる分権自治』は、いくつものヒントを与えてくれるはずである。読者におかれては、是非とも「提中理論」に洗脳されてほしい。

 # いまでも機関委任事務を続けていませんか

　今次の分権改革の狙いは、自治体に対する国（ここで言う国とは行政府機能の部分を言います）の関与を縮減し、国と自治体の関係を上下から対等へ転換させることにあり、その最大の成果は、中央集権的な上下関係を象徴していた機関委任事務の廃止でありました。分権時代は、この廃止の意味を自覚することからはじまると言ってよいと思います。その自覚がないと、いつまでも機関委任事務を続けることになりかねません。そこで、第1回目は、機関委任事務とは何だったのか、その廃止にはどんな意味があるのか、などについて話をすることにします。

**機関委任事務は明治以来の仕組みを温存**

　今次の地方分権改革は、明治維新、戦後改革に次ぐ「第三の改革」と言われましたが、裏を返せば「第二の改革」である戦後改革が「憲法変われど行政変わらず」と言われたように、不徹底に終わったことを意味しています。

　戦後地方制度改革の最大の目玉は、知事の公選制の導入であり、これにより知事が国家公務員でなくなり、府県が自治体となるとともに、府県庁の職員も国家公務員から地方公務員へ身分切替えが行われました。ところが、それまで国家公務員として知事が掌理し、国家公務員として府県庁の職員が処理していた事務をどこで処理するのかということが問題になりました。建設省や農林省のように、自前の地方出先機関を設けて処理しようとするところもありましたが、地方自治法の用意した解答は、

それまでと同じように知事を国の機関として温存し国の事務として処理させようとする仕組みでした。このトリックのような仕組みが機関委任事務だったわけです。それが当たり前のようになり、市町村長を国の機関と位置づける機関委任事務もどんどん増えていきました。今次の分権改革前夜では、都道府県の事務の8割、市町村の事務の4割を占めていると言われていました。

機関委任事務は、中央省庁が政策決定を行い、自治体はその決定された政策を指示どおり執行するだけという明治以来の中央集権の構図を温存させるものだったのです。

## 各省大臣と知事と市町村長は上司と部下の関係

さて、機関委任事務を処理する場合に国の機関と位置づけられた都道府県知事や市町村長は、縦割り式の国の行政組織に組み入れられ、しかも各省大臣（実質的には各省庁）の下級機関とされました。市町村長が機関委任事務を処理する場合には、知事も中間管理職的な国の機関として市町村長の上級機関となったのです。各省大臣（実質的には各省庁）は知事や市町村長に対し、中間管理職的な立場の知事は市町村長に対し、指導はもちろんのこと訓令や命令をすることができる権限を含む、指揮監督権を有し、各省大臣と知事と市町村長の関係は、まさに上司と部下の関係でした。

今次の分権改革の最中、マスコミでは、機関委任事務の仕組みを「下請け」と表現していたことがありましたが、「下請け」なら国と自治体は別々の法人ということになり（本当はそうなのですが）、知事や市町村長は小さくても"一国一城の主"と言えますが、そうではなく、機関委任事務は、中央省庁と都道府県や市町村との関係

を同一法人内の"本店"と"支店や出張所"の関係に置くものであったと思います。

なお、上級機関があるかないかということに関しては、行政不服申立ての話を付言しておきます。行政処分の再考を求めることが不服申立ての趣旨ですが、行政不服審査法では、行政処分をした機関に上級機関がある場合には、不服申立ては上級機関に対して行うのが原則となっています。部下のところで起きた争いごとは上司が裁決するのが好ましいということだと思いますが、この原則は、本当の上司と部下の関係ではない機関委任事務にも適用され、その自治体の知事や市町村長を飛び越えて、住民と各省大臣や知事との間で申立てや裁決が行われることとなっていました。そこでは、弁明の機会はあるものの、その自治体の考え方と異なる裁決がなされてしまったら、自治体側には自らの考え方を主張する機会が与えられないという問題がありました。

## 通達がものを言う内部の関係

機関委任事務を処理する場合には、各省大臣（実質的には各省庁）は知事や市町村長に対し、中間管理職的な立場の知事は市町村長に対し、指揮監督権の一環として、通達を発することができました。通達には、中央省庁の局長や課長名で出される通知、行政実例、照会に対する回答などがありますが、通達は、法律や政省令ではありませんから、同一行政組織の内部についてだけ、したがって自治体に対しては機関委任事務についてだけしか拘束力がありませんでした。

ところが、このことを自覚していないと、通達は自治事務についても無差別に発せられるため、従わなくてもよいのに従わなくてはならないと錯覚してしまうことに

なっていました。また、国の通達どおりしていたら間違いないという考え方もあり、そのために、地域住民のニーズの変化や地域問題の多様性についていけず、結局、自治の発展の芽を摘んできたように思います。

　機関委任事務の廃止は、中央省庁と自治体の関係を、行政内部の関係から、法的ルールがものを言う、法的関係ないし外部の関係に転換させたという意味があるのです。ちなみに、それまで機関委任事務について発せられていた通達は、すべて効力を失っているはずです。残っていたとしても、自治事務についてのものと同様に、助言に過ぎないということになります。

　とりわけ、法令解釈についての通達の法的拘束力がなくなったことは、大きな意義があります。通達によって事実上奪われていた自治体の法令解釈権が、中央省庁の法令解釈権と対等になり、裁判所において平等に扱われるようになったことを意味するからです。まさに自治体と国との間に法の下の平等が実現されたというわけです。

### 議会や監査委員は部外者扱い

　機関委任事務は、自治体の首長や行政委員会を国の機関と位置づけ、「国の事務」をやらせる仕組みですから、自治体の議会や監査委員は、国の機関の位置づけができないから、いわば部外者扱いとなり、関与が制限されてきました。特に問題があったのは、住民生活にかかわる事柄であるにもかかわらず、「国の事務だから」という理由で、条例制定権が奪われていたことです。

　条例は、住民が「みんなのことはみんなで決める」という原理が働く、住民自治の象徴です。機関委任事務が廃止されたことにより「自治体の事務だから」自治体で

決める、自治体の条例で決めるということになるはずです。分権時代のはじまりは条例時代のはじまりです。その自覚に立って条例制定権（提案権）を勇んで行使することが、これからの自治体職員の大きな課題となってきます。

## 機関委任事務の廃止ははじめてではない

ところで、「第三の改革」とは言わないまでも、それまでにも、自治体で処理している事務が、機関委任事務から自治事務に切り替えられたことは何度かありました。特に大きな改革は、1986年の「地方公共団体の執行機関が国の機関として行う事務の整理及び合理化に関する法律」という名称でもって老人福祉法、児童福祉法など多数の法律が一括改正され、老人福祉施設や保育園などへの入所措置（いまでは措置の言葉は死語になっています）の事務が自治事務に切り替えられたことでした。

しかし、当時、この改革にもかかわらず、どこの市町村も仕事の仕方が変わったような様子はありませんでした。相変わらず厚生省からの通達を頼みとする姿勢に変わりはなく、機関委任事務を続けていたのです。このことを思い出すと、今次の分権改革も同じような形で終わってしまうのではないかと危惧されます。そんなことにならないようにと願うものです。

## ピラミッド形態から水平的広がりの構図へ

機関委任事務が廃止され指揮命令系統がなくなったということは、国が頂点に立って、都道府県を中継基地とし、全国三千余の市町村を上意下達方式で束ねるといったピラミッド形態の国家イメージを払拭しなければなりません。より狭い地域の市町村がより広い地域の都道府

国家イメージの変化

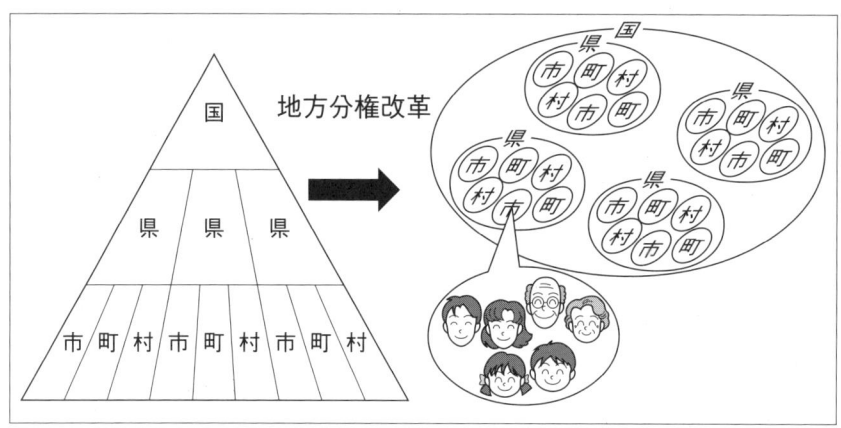

県に包含され、さらにより広い国に包含されるといった水平的広がりのイメージに変わったということです。

　そこでは、中央省庁からの縦割りの系列を描くことはできなくなり、市町村・都道府県・国のすべての構成員である住民の生活の総合性や多面性を起点とした、総合行政の必要性が見て取れることとなります。そこにはより狭い地域の自主性が起点となって広がっていくことを描くことができます。より広いところは、より狭いところを補完していく立場であることを見て取ることもできます。分権一括法による地方自治法の改正では、まさにこのことを、第1条の2第1項で、自治体は地域における行政を自主的かつ総合的に実施する役割を広く担うものと、同条第2項で、地域に身近な行政はできる限り自治体に委ねることを基本として、国は自治体の自主性および自立性が十分に発揮できるようにしなければならないものと、定めたのです。機関委任事務の廃止をはじめとする、今次の地方分権改革が、国家構造を変化させるほどの大きな改革であったことは、どれだけ言っても言い過ぎることはないと思います。

 # 法定受託事務は「自治体の事務」なのか

　今次の分権改革により機関委任事務が廃止され、自治体が処理する事務は、自治事務と法定受託事務とに振り分けられました。法定受託事務を文字どおり読めば、国の事務が法律の定めにより別の法主体である自治体に外部的に委託された事務ということになりますが、地方分権一括法による改正後の地方自治法（以下「新地方自治法」と言います）第2条第9項第1号では「国が本来果たすべき役割に係るものであって、国においてその適正な処理を特に確保する必要があるものとして法律又はこれに基づく政令に特に定めるもの」という定義になりました。法定受託事務の定義は、地方分権推進委員会の中間報告から第1次勧告を経て、地方分権推進計画・新地方自治法へと至る過程で、「文字どおり」から離れる方向で変わっていきました。そして新地方自治法施行後、法定受託事務も自治体の事務であって自治事務と本質的な違いはなく、ただ国において適正な処理の確保に高い関心があるため相対的に国の強い関与が認められているのだ、と言われるようになりました。この定義の変遷は、地方分権推進委員会が当初法定受託事務への振り分けは例外的と言っていたのに、どんどん増えていって、例外的でなくなったのと、関係がありそうです。

　このように定義や範囲があいまいであれば、法律で決めさえすれば法定受託事務として自治体に処理させることができることになり、機関委任事務と変わらない仕組みを残している法定受託事務が、機関委任事務が増えていったのと同じようにどんどん増えていく恐れがありま

す。第2回目は、そんなことにならないようにとの思いを込めて、法定受託事務について、じっくり考えてみたいと思います。

## 機関委任事務と変わらない仕組みを温存

　法定受託事務は、機関委任事務のように自治体の首長などの機関を国の省庁の下級機関と位置づけるわけではないのに、その位置づけをするのと変わらない仕組みを温存させました。第一に、行政処分に対する住民や事業者からの不服申立ての申立先を、国の行政機関（市町村の行った行政処分については都道府県の行政機関）としたことです。これらの行政機関は上級機関ではないため、これらの行政機関を不服申立て（審査請求）の申立先とするには法律の特別の規定が要る（この規定があることにより行政不服審査法第5条第1項第2号の要件を満たす）ことから、その規定を新地方自治法第255条の2に置きました。

　第二に、国の関与のルール化の一環としてではありますが、自治体側に法令違反や懈怠があった場合の、高等裁判所の判決を得ることを前提とした、国や都道府県の行政機関による代執行の仕組みを取り入れたことです。これは、1995年に沖縄の米軍用地の使用期限切れに伴う駐留軍用地特別措置法の強制使用の手続きに絡んで沖縄県知事が土地・物件調書への代理署名を拒んだことで話題となった、機関委任事務の仕組みと同じです。

## 法定受託事務は条例制定が可能

　さて、分権改革の象徴となる条例制定権の拡大を、法定受託事務についてみると、地方分権推進委員会は、第1次勧告では、法定受託事務は国の法律又はこれに基づく政令により事務を処理することが原則であって、条例

制定は法令の明示の委任がない限り認められない、と否定的でした。地方分権推進計画もこれを踏襲し、そのように「解される」としていました。

ところが、分権一括法の国会審議において、当時の自治大臣が、法令の明示的な委任を要することなく条例を制定することができると答弁し、それまでの考え方を変更したのです。そして新地方自治法にも、法定受託事務について条例制定を制約するような規定は盛り込まれなかったことから、条例制定が可能というのが一般的な見方となりました。この点において、自治事務との差違がなくなり、法定受託事務も自治体の事務であることが強調されるようになったのです。

## もともと想定していたのは国の事務

地方分権推進委員会が当初条例制定に否定的であったことや、機関委任事務と変わらない仕組みを残していたことから、法定受託事務は、国政選挙、自衛官募集、外国人登録など本当に国の事務と言えるものを想定していたと見ることができます。このことは、地方分権推進委員会が法定受託事務への振り分けが例外的と言っていたこととも符合します。

ところが、「膝詰め交渉」と呼ばれた地方分権推進委員会の振り分け作業の過程で、自治事務化に消極的な中央省庁の抵抗に逢い、本来自治事務であるものが多く法定受託事務に振り分けられてしまったのではないかと考えらます。なお、第1次勧告で、法定受託事務への振り分けのための8項目のメルクマールが示されましたが、これも、膝詰め交渉による振り分けの結果を整理したのに過ぎないと言われています。条例制定についての考え方の変更は、こういった事情を反映したものとみることができます。

●法定受託事務は「自治体の事務」なのか

## 自治体の事務の新たな考え方

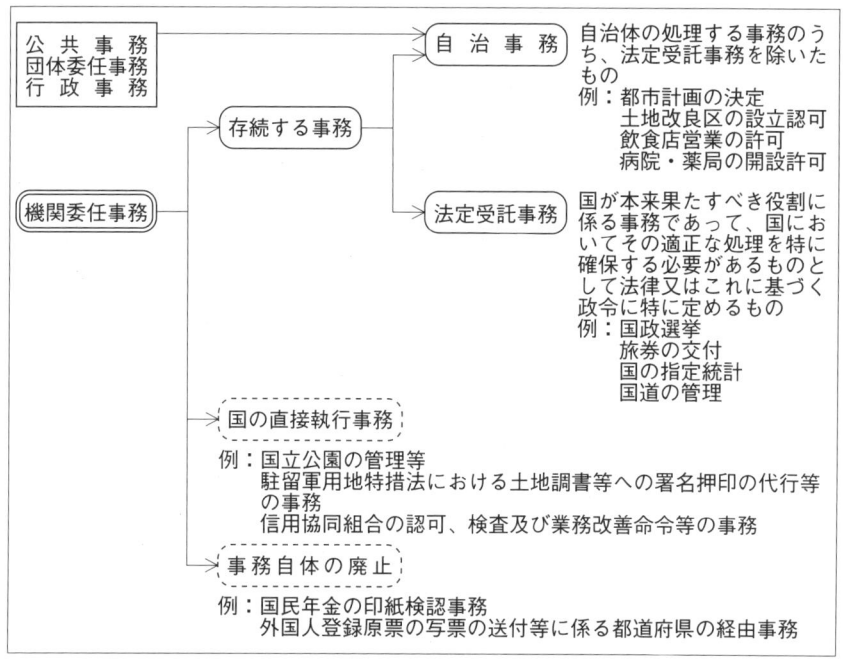

（出典）地方自治制度研究会編『Q＆A改正地方自治法のポイント』（ぎょうせい・1999年）11ページ

## 法定受託事務と自治事務はやはり違うもの

　法定受託事務については、各省大臣（市町村の法定受託事務については都道府県知事等）は、処理基準を定めることができ、自治体がこれに違反すれば具体的な是正の指示を出すことができ、さらに自治体がこの指示に従わなければ代執行の手続きをとることができます。一方、自治事務については、各省大臣（同じく都道府県知事等）は、自治体が法令に違反した場合等に限り、是正の要求ができるにとどまり、仮に自治体が是正をしないときでも、それ以上の手段はとれません。このように、自治体

の自主性の尊重という点で、法定受託事務と自治事務は大きな違いがあります。これを国の関与の強さが違うだけと片づけてはならず、やはり本質において違うものだと考えなくてはなりません。

　もっとも、是正の要求には、それを受けた自治体は必要な措置を講じなければならないとする義務規定が盛り込まれた（新地方自治法第245条の5第5項）ことをもって、自治体側に拘束力が生じるとする見解が一部にはありますが、国のほうから訴訟を提起するなど、その規定を動かすための手段がないわけですから、結局は、自治体側が任意に是正するのを待つしかないことに変わりはありません。しかも、この義務規定は国会審議で争点となり、その結果、是正の要求は、その自治体の行財政の運営が混乱し、停滞をして、著しい支障が生じているような場合にしか発動されないこととなりました。

### 固有の自治事務領域以外の領域の事務

　ところで、自治事務に法定のものと非法定のものがあることからすると、自治事務には、法律の規定があろうがなかろうが、固有の領域があることが確認され、しかもその領域は、自治権の憲法保障に鑑みれば、憲法で認められた固有の自治権に包摂される、確たる領域とみるべきです。そうすると、法律の規定によってはじめて成り立つ法定受託事務は、固有の自治事務領域以外の領域から出てこなければならず、そのためには、その成り立つ領域というものを考えなければなりません。

### 自治体と国の役割分担の原則を素直に読むべき

　そこで、その法定受託事務の領域とは、まさに新地方自治法の法定受託事務の定義どおりの「国が本来果たす

べき役割」の領域であって、それは、新地方自治法第1条の2第2項に定める国の役割である、①国際社会における国家としての存立にかかわる事務、②全国的に統一して定めることが望ましい国民の諸活動または地方自治に関する基本的な準則に関する事務、③全国的規模・視点で行われなければならない施策および事業の3つの事務の領域のことと、素直に読むことを提言したいと思います。

　そうすることによって、法定受託事務の範囲を狭め、現在それに振り分けられている事務を本来の法定受託事務と、本来自治事務であるものが法定受託事務に振り分けられているものとに、しっかり区分し、本来自治事務であるものについては、役割分担の原則に則って、自治事務的に運用されてもよいはずだと言いたいわけです。法律による事務の振り分けが役割分担の原則に違反していれば、その振り分けが違法だという解釈が通るのです。それが新地方自治法第2条第11項・第12項の役割分担の規範的意味です。

### 法定受託事務が増加するのを牽制しよう

　法定受託事務が本来の法定受託事務に限定されれば、国の関与がいくら強くても自治体の自主性・自立性が侵されることはありません。したがって、法定受託事務の範囲を限定することこそ、自治体の自主性・自立性を守ることになります。

　法定受託事務も「自治体の事務」であるという言い方は、いかにも地方分権を進め自治体の自主性を重んじるような表現ですが、それにつられて法定受託事務がどんどん増え、強い関与でがんじがらめにされるのではないかという懸念を感じます。

新地方自治法では、別表第１に法定受託事務をリスト・アップし、個別法が地方自治法に無断で法定受託事務をつくり出さないように牽制し、分権一括法の附則第250条では、新たに法定受託事務をつくり出さないように、あるいは削減の方向で見直すように進言しています。
　機関委任事務も別表にリスト・アップされ牽制されていましたが、どんどん増えていきました。法定受託事務は同じ轍を踏むようなことがあってはならないと思います。

●法定受託事務は「自治体の事務」なのか

# 3 国から自治体への関与のルールができた

　今次の地方分権改革の狙いは、国の行政府と自治体との関係を上下から対等へ転換させることにあり、そのため、第一に、国の行政府と自治体を行政内部の上下関係と位置づける機関委任事務を廃止しました。その廃止によって、国と自治体の関係は、互いに別々の法人であり、通達ではなく法的ルールがものを言う、法主体間の関係に純化しました。それを受けて、分権改革では、第二に、その法主体間の関与の法的ルールをつくりました。このことは、法治国家で当たり前のはずの法治主義が、ようやく国と自治体の間を規律することになったという大きな意義があります。法的ルールは国民代表議会（国会）ひいては国民がつくるものですから、法的ルールに基づく関与とは、言ってみれば、国民ないし住民による関与ということになるわけです。第3回目は、われわれ自治体職員が機関委任事務体質を脱却し法治主義体質へ体質改善するため、この関与の法的ルールをしっかり学ぶことにします。

## 地方自治法の一般ルール法が国の立法権を制約する

　地方分権一括法の基となった地方分権推進委員会の勧告は、この関与のルール化について、国会は関与の類型や基本原則などを定める一般ルール法をまず制定し、具体的な関与の根拠となる個別法を定める場合には、国会もまた、この一般ルール法の枠内に自ら縛られるという原則を示しました。この一般法主義の原則は、各省庁立案の個別法が自治体への関与をフリーハンドに創設す

## 国の関与の見直し

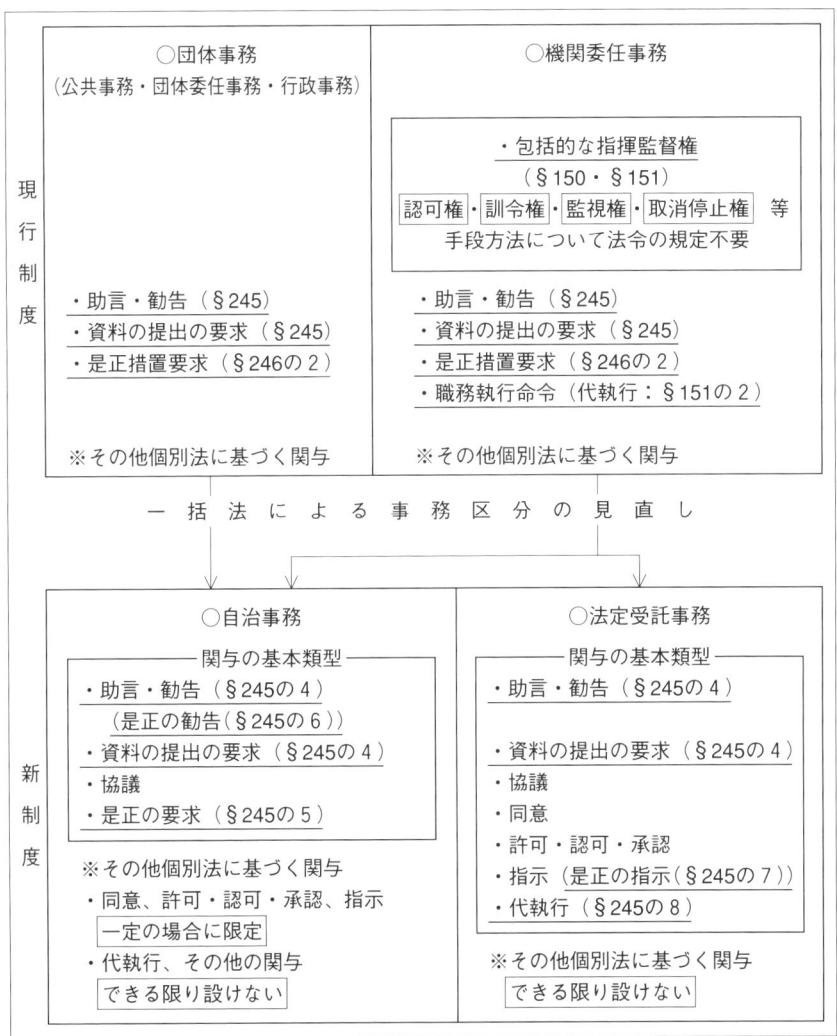

(注) ＿＿は、地方自治法に一般的な根拠規定が置かれている関与
(出典) 地方自治制度研究会編『Q＆A改正地方自治法のポイント』(ぎょうせい・1999年) 111ページ

●国から自治体への関与のルールができた

ことを制約する、立法権を制約する原理として働くものです。これを受けて、地方自治法の中にこの一般ルール

が規定されたことにより、同法が一般法として、都市計画法、建築基準法、児童福祉法など膨大な数の個別の行政分野を規律する個別法を制約することから、個別法に対し優越性を有するとの認識が示されたと思います。一般法は特別法の劣位に置かれるという格言的な考え方がありますが、地方自治法の一般法としての意味は、特別法に対してではなく個別法に対してのものであって、自治体政治行政に関する基本法としての意味なのです。そこには、地方自治の本旨という憲法規範を体現した地方自治法の優越性があると考えるわけです。

具体的には、新地方自治法第245条の3の6項にわたる規定が一般ルール法として、個別法を制約しています。6つの項は主語をすべて「国は」とし「何々しなければならない」という下りとなっていて、第245条の4から第245条の9までの関与そのものを定める規定が主語を「各大臣は」としているのと異なっていることから、この「国」には国の立法府が含まれ、これを拘束していることが分かります。

そして、第245条の3第1項は、国や都道府県の関与は必要最小限度のものとするとともに、自治体の自主性および自立性に配慮しなければならないことを個別法制定に当たっての第一の原則とし、分権化を志向しています。

## 関与の基本類型を提示して個別法を制約する

新地方自治法は、個別法が具体的な関与を定めるに当たって用いるべき関与の基本類型を、第245条の第1号で①助言又は勧告、②資料の提出の要求、③是正の要求、④同意、⑤許可、認可又は承認、⑥指示、⑦代執行の7類型を、第2号で協議の1類型を定めています。ただし、第3号でこれらの基本類型外の関与もありうることを定

めています。

　これらの基本類型には、弱いものから強いものまでありますが、より弱い類型を用いるほど分権的といえます。その強弱の基準として、権力的か非権力的か、事前か事後か、ということが考えられ、この組み合わせにより、一般的には弱いほうから、非権力的事後関与、非権力的事前関与、権力的事後関与、権力的事前関与と並べることができます。ただし、是正の要求は非権力的事後関与ですが、かなり強い関与であり、必ずしもこの順序どおりではありません。

　新地方自治法はこれらの基本類型を提示したうえで、第245条の3の第2項から第6項までにおいて、個別法がこれらの基本類型を用いる場合の制約を課しています。すなわち、基本類型外の関与は自治事務、法定受託事務とも原則として認めないこと、代執行は自治事務については原則として認めないこと、協議は自治事務、法定受託事務とも例外的にしか認めないこと、同意、許可、認可又は承認および指示は自治事務については例外的にしか認めないこととしています。このように、自治事務の場合には強い関与類型を用いるときには制約を課していますが、自治事務の場合であっても弱い関与類型（是正の要求は弱い関与ではありませんがこの類型も）を用いるときや、法定受託事務の場合のおおかたの関与については、個別法を制約する規定はありません。

　これらの制約に反する関与を個別法に定める場合には、国会審議において特別の説明責任が必要であるとの認識が広がることが肝要です。また、既存の個別法がこれらの立法原則に合致しているかをチェックしていくことも大事なことです。

## 個別法抜きでも関与ができる

　新地方自治法は、第245条の2において、国や都道府県の自治体への関与は法律またはこれに基づく政令によらなければならないとする関与の法定主義の大原則を掲げ、第245条の3で個別法による二重の法定主義を定めて法定主義を徹底させていますが、他方で第245条の4から第245条の8までにおいて、個別法抜きで地方自治法を直接根拠として関与できる道も設けています。資料の提出の要求や助言又は勧告という弱い関与だけでなく、自治事務の場合の是正の要求や法定受託事務の場合の是正の指示という強い非権力的事後関与もそうなっています。是正の要求と是正の指示との違いは、是正の要求が具体的な措置内容までを示さず自治体側の裁量に委ねるのに対し、是正の指示は具体的な措置内容を示すという点にあります。その分是正の指示のほうが強い関与です。

　なお、権力的事後関与である代執行も、法定受託事務については個別法抜きでできるとされていますが、これはかつての機関委任事務のときに地方自治を守る防波堤と称された職務執行命令訴訟と同じ仕組みの司法審査を経ることになっているから、その分法治主義は徹底されています。

## 市町村に対する関与は都道府県の執行機関が行う

　地方自治法を直接根拠として行うことができる関与は、市町村に対して行う場合には、都道府県の執行機関（市町村教育委員会の担任事務については都道府県教育委員会、市町村選挙管理委員会の担任事務については都道府県選挙管理委員会、市町村長その他の執行機関の担

任事務については都道府県知事）が行う（代執行は市町村長の担任事務の場合にだけ都道府県知事が行う）ことになっています。各大臣の指示を受けて行う場合と、指示を受けずに自らの判断で行う場合があります。実際には各大臣の指示を受けて行う場合が多いと予想されますが、この場合は、関与自体が地方自治法第320条に定めるとおり都道府県の法定受託事務となります。また、この各大臣の指示も、関与にほかならないのですから、関与のルールに従わなくてはなりません。そこで、都道府県は、機関委任事務時代の中間管理職的立場を払拭し、この指示に対し、その妥当性・適法性を自ら判断したうえで市町村に対して関与を行うかどうかを決めなければなりません。その妥当性・適法性に疑問があれば、国地方係争処理委員会への審査の申出も辞さないという、市町村を包括する自治体としての自治体らしさを発揮する必要があると思います。

　なお、市町村の自治事務についての是正の勧告は、都道府県の自主的判断で行うことができます。

### 行政手続法を範とした関与手続きのルール化

　新地方自治法は、国や都道府県の自治体への関与の手続きを、国民に対する行政手続きの公正・透明なルールを定めた行政手続法を範として、第247条以下に定めました。

　具体的には、まず、関与はその趣旨や内容あるいは理由を記載した書面を交付して行わなければならないという書面主義が採られています。ただし、助言又は勧告、資料の提出の要求、協議における意見など弱い関与については、自治体側から求められた場合に交付すればよいとされています。次に、許可、認可又は承認や同意（以下「許認可等」と言います）あるいは許認可等の取消し

については、するかどうかの基準の作成と公表が義務づけられています（取消しについては公表は努力義務）。さらに、許認可等については、標準処理期間の設定と公表が義務づけられています（公表は努力義務）。

また、自治体側が助言や勧告に従わなかったことを理由として不利益な取扱いをしてはならないことや、協議については双方が誠実に行うとともに相当の期間内に調うように努めなければならないことも規定されています。

## 事後の司法判断の保障で法治主義は貫徹

国や都道府県の自治体への関与が法的ルールに基づかなければならないということは、そのルールに則っていない恐れがあるときは、最終的には裁判所の司法判断を求めることができ、その関与を見直してもらえる機会が保障されていなければなりません。それが、法主体間の法治主義の原則です。新地方自治法は、是正の要求や許認可の拒否など強い関与に不服があるときなどには自治体側は、国の行政機関が行った関与に対しては国地方係争処理委員会へ、都道府県の機関が行った関与に対しては自治紛争処理委員へ審査の申出等を行うことができ、その結果に対しなお不服があるときには高等裁判所へ訴えを提起することができるという規定を設けました。これにより、若干問題を残すものの、国と自治体の間の法治主義は貫徹されたことになります。なお、このことについては、次回に改めて話をすることとします。

## 国庫支出金は関与のルール外

自治体への関与といっても、自治体側がその上下関係を切実に感じるのは、国庫補助金など国庫支出金に絡ん

で受ける事前協議や指導、交付決定などの関与です。ところが、このたびの関与のルール化では、この国庫支出金や都道府県の支出金に絡む関与については適用されないこととされました。補助金適正化法のルールがあるからそちらのルールに乗せるというのが理由のようですが、そうなると、実質的に自治体を拘束する事前協議や指導についてのルールはないし、交付決定などについて不服の申出はできますが第三者機関に対してするものではないため見直しのための保障としては脆弱です。自治体側にとって一番ルール化してもらいたいところが外されたといった感じではないでしょうか。

# 自治体から国へ訴訟が起こせる

　自治体は法人であり（地方自治法第2条第1項）法主体ですから、自治体と国との関係は、法主体間同士の、言ってみれば他人同士の関係です。ところが、長年、機関委任事務という、自治体を国の行政組織の内部に位置づけるような仕組みがあったため、法主体同士の関係ではないように見られてきました。このため、自治体と国との間に紛争が起きても、裁判所法第3条第1項にいうところの「法律上の争訟」ではなく、裁判所では取り合わない身内同士の関係と考えられてきました。しかし、機関委任事務の廃止により、自治体と国の関係は法主体同士の関係に純化され、その間の紛争も質的に変わったはずです。第4回目は、その紛争が、また紛争処理の仕組みが、分権改革によって、どのように変わったかを考えることにします。

## 分権改革は自治体の成人式？

　分権改革論議の中で、国と自治体の関係が親子関係に譬えられることがありました。そこでは、子が成年に達しても、親がいちいち口出しをし、子のほうもいつまでも親から小遣いをもらい、親の指示をあてにするといった過保護の親子関係を、分権改革前の国と自治体の関係に譬えていました。親の口出しを機関委任事務に伴う国の指揮監督に、小遣いを国からの補助金にあてはめると、なかなかうまい譬えだと思います。

　ここでは少し趣きを変えて、裁判所が取り合ってくれるということの意味を親子関係の譬えを借りて考えてみ

たいと思います。民法第1条の3に「私権の享有は出生に始まる」と書いてあるように、人は生まれた時から権利義務の持ち主となる資格（これを法主体と言います）がありますが、未成年の間は、意思能力が十分でないため行為能力（権利義務を生じさせる法律行為をする能力）が制限され、親の法定代理や同意という関与の下に置かれています。もちろん、その前に、未成年の間は、懲戒権を含む包括的監督権とでも言うべき親権に服するという大前提があります。この親権は、剥奪すべき異常な事態でもない限り、裁判所も立ち入ることをはばかるものです。そのため、未成年の子と親の間に、例えば小遣いの使い方をめぐって争いが起きても、通常は、親子のこととして裁判所は取り合いません。

　ところが、子が成年に達すると、親権から外れ、どんな法律行為も親の同意なしに自分で決定することができるようになります。自立した（すべき？）法主体になるわけです。そうなると、親から小遣いをもらわなくなり、自分で稼ぐようになるといった条件が加わるかもしれませんが、親子関係も裁判所にとってアンタッチャブルなものではなくなります。配偶者を得て、新居を構えるようになれば、その様相は一層強まり、例えば親子間の金銭貸借をめぐる紛争も、裁判所は取り合ってくれるようになるでしょう。

　国と自治体の関係も、自治体が機関委任事務により国の組織のバリアの中に入れられ、国の指揮監督に服しているときは、親と親権に服する子の関係と同じように、裁判所にとってアンタッチャブルだったかもしれませんが、機関委任事務が廃止され、自治体が国の組織の中から抜け出し、国の指揮監督から外れたのですから、そうは言えなくなったはずです。このことをとらえて、分権改革を自治体

●自治体から国へ訴訟が起こせる

の成人式に譬えてみてはどうかと思ったわけです。

## 法主体同士の関係でないと裁判所が取り合わないのが原則

　法人という法主体には、その内部に法人のために働く機関としての「人」が大勢います。その人が機関として働いた結果生じる権利義務は法人そのものに帰属します。したがって、権利義務の争いである法的紛争の当事者は、普通は、法人という法主体でなければなりません。機関としての人は法人の囲いの中から出てこないといったイメージになります（もちろん実際の訴訟行為は機関としての人が担当しますが）。法主体同士の関係でないと、裁判所は取り合ってくれない、つまり原告や被告になれないと言っているのは、こういう意味なのです。親と未成年の子の関係は、法主体同士の関係にちがいはないのですが、親権がバリアになって、外からは見えにくくなっているといった感じでしょうか。また国と自治体の関係も、機関委任事務がある限り、指揮監督権がバリアになって、純粋な形の法主体同士の関係ではなかったということです。

## 法主体同士の関係でなくても裁判所が取り合ってくれる場合がある

　ところが、裁判所法第3条第1項は、権利義務の紛争（これが「法律上の争訟」）のほかに「法律において特に定める」例外の訴訟を認めており、これを受けて行政事件訴訟法が、機関相互間の紛争についての訴訟として「機関訴訟」の類型を定め、「法律に定める場合において、法律に定める者に限り、提起することができる」（第42条）としています。そして、さらにこれを受けて、例え

ば、地方自治法第176条が、議会の議決に法令違反などがある場合の首長からの審査の申立に係る裁定に不服がある場合に、首長からも議会からも裁判所に出訴することができるとしているのが、この機関訴訟です。首長と議会の関係は、自治体という法人内部の機関同士の関係にほかなりません。また、機関委任事務時代には、主務大臣から自治体の首長に対し、その事務の執行が法令に違反している場合などに提起することができた職務執行命令訴訟も、機関訴訟と言われていました。機関委任事務という、自治体の首長を国の下級機関とみなす仕組みの下では、そのとおりでした。

### 法主体同士の関係なら訴訟が起こせるはず

　一方で、原点に戻れば、法主体同士の間の権利義務の紛争であるなら、どんな紛争でも裁判所で解決がなされなければなりません。ここに司法国家と言われる所以があり、日本国憲法が基本的人権として裁判を受ける権利を保障している意味があります。

　したがって、機関委任事務の廃止によって、国と自治体の関係は法主体同士の関係に純化しましたが、もともと機関委任事務でない場合には、国と自治体の関係は法主体同士の関係だったはずですし、特別の法律がない場合でも訴訟が起こせる関係にあったはずだと言えます。

　ところが、最近の最高裁判決（2001年7月13日）でも、住民からの請求により那覇市長が行った自衛隊施設の建築審査に関する情報公開決定の取消しを求めて、国が提訴した事件で、国の原告適格を否定し、裁判所は取り合わない態度をとっています。この事件における国の立場は、一般の私人の立場と変わらないように思えるのにかかわらずです。国と自治体の間は国からも自治体からも

訴訟が起こせないといった旧態依然の考え方をしているようで、納得がいきません。

　裁判所が取り合ってくれない、つまり不適法な訴えとして却下判決がなされ中身の審理に入ってくれないということは、国と自治体の主張のいずれが正論かを公開の場で質す機会を奪うとともに、結局その解決を両者間の力関係に委ねてしまうことになります。裁判を受けることが権利として保障される意味は、こういったことがないようにするためだと思います。

## 国等の関与に関する訴訟は機関訴訟なの？

　さて、国や都道府県の自治体への関与が法治主義のもとに置かれることになったのは、国と都道府県と市町村の法主体同士の関係を是認したからとみるべきであり、これらの間の一般的な出訴権を肯定したものと考えるのが当然ではないでしょうか。ところが、今次の改革により地方自治法第251条の5と第252条に明記された、国の関与に関する訴訟と都道府県の関与に関する訴訟は「機関訴訟」と理解されているようです。このため、相変わらず法律で特別に認められた訴訟だけしか認められないとして、これら以外の訴訟は認められないとする解釈が通ってしまう恐れがあります。

　具体的にみておくと、国の関与に関する訴訟は、その前置が訴訟要件とされている国地方係争処理委員会への審査の申出の対象となっている「国の関与のうち是正の要求、許可の拒否その他の処分その他公権力の行使に当たるもの」と「国の不作為（国の行政庁が、申請等が行われた場合において、相当の期間内に何らかの国の関与のうち許可その他の処分その他の公権力の行使に当たるものをすべきにもかかわらず、これをしないことをい

う。）」に不服がある場合に、都道府県の関与に関する訴訟は、同じく自治紛争処理委員への審査の申出の対象となっている都道府県の同様の関与と不作為に不服がある場合に、いずれも自治体側が高等裁判所に対しこれらの関与の取消しと不作為の違法の確認を求めることができると明記されているのです。これらの不服には国や都道府県からの補助金に絡むことが除外されていることは前回に話しました。

国の関与をめぐる自治体との係争処理手続

|国|←関与→|自治体|
|---|---|---|
|↑勧告に即した措置→||↓訴訟（国の措置や勧告に不服）|
|勧告または調停||審査の申し出（国の関与に不服）／調停|
||審査→国地方係争処理委員会||
|||→高等裁判所|

(出典) 田嶋義介「アクティブ地方政府論」(地方自治職員研修503号・50ページ)

わたしはこの訴訟を機関訴訟と理解してはいけないと思います。分権の流れに逆行して、国と自治体の関係を機関同士の関係と見誤ることになるからです。この訴訟

● 自治体から国へ訴訟が起こせる

以外にも「法律上の争訟」を解決するための一般的な出訴権があると考えるべきです。なお、機関訴訟と理解しない場合には、その争訟は自治体全体の関心事として、訴訟の提起にあたって地方自治法第96条に基づく議会の議決が必要となります。

## 国等の関与に関する訴訟に臆することなかれ

　もちろん、国等の関与に関する訴訟を評価していないなどということでは、毛頭ありません。国や都道府県に対して訴訟が起こせると明記されたことは大きな意義があります。今次の分権改革が目指した国と自治体の、都道府県と市町村の対等な関係を確たるものにするためには、この関与に関する出訴権を、自治体側が臆せずに活用していくことが肝要であると考えます。

　現在のところ、横浜市が、法定外普通税として「勝馬投票券発売税」を創設ことについて総務大臣に協議したがその同意が得られなかったことから、国地方係争処理委員会へ審査の申出を行ったのが、訴訟ではありませんが、係争処理の唯一の事例です。

　国や都道府県の関与が、分権改革があったことを意識させないほど、従前どおりに行われているとの調査結果があります（北村喜宣編著『ポスト分権改革の条例法務―自治体現場は変わったか―』（ぎょうせい）参照）。このことは自治体側の意識が変わっていないことにも原因があります。その意識改革のためにも、自治紛争処理委員や国地方係争処理委員会への審査の申出や訴訟の提起といったことに臆しないでもらいたいと思います。この審査の申出や訴訟の提起の積み重ねが、やがて独自の判例法領域を形成し、司法国家の法治主義を確立していくといったことを想像してみたいと思いませんか。

## ⑤ 係争処理の第三者機関は中立・公平なレフェリーたりうるか

　国や都道府県からの関与が不当ないし違法であると思われるときは、自治体側は、国地方係争処理委員会や自治紛争処理委員へ臆することなく審査の申出をするべきです（審査の申出の対象となるのは、第4回の「国等の関与に関する訴訟は機関訴訟なの？」のところで訴訟の前置として必要な審査の申出の対象として掲げた、是正の要求等の公権力の行使にあたる関与および許可等をしない不作為（36〜37ページ参照）のほか、訴訟の対象とはならない協議の不調があります）が、実は、この第三者機関が中立・公平なレフェリーたりうるかという問題があります。この第三者機関は、係争当事者のバトルの間に割って入るレフェリーですから、当事者よりも強い権限が保障されていなければその職責を全うすることはできません。地方分権推進委員会はこの第三者機関についてそうした構想を持っていたようですが、国の行政機構の中の一機関として創設する以上、自治体のような執行機関の多元主義はありませんから、限界がありました。

　結局、第4次勧告を経て分権一括法に至る過程で中央省庁の抵抗に遭い、その持ち出した各省大臣の分担管理原則や内閣の一体性の原則などの壁を乗り越えることができませんでした。第5回目は、その過程にも触れながら、機関委任事務の廃止や関与のルール化と並んで今次の分権改革の目玉と言われる国地方係争処理委員会と自治紛争処理委員について考えることにします。

## 裁定機関から勧告機関へ

　地方分権推進委員会はもともと国地方係争処理委員会を法的効力のある決定権を有する裁定機関として構想していました。それを前提として、国側からも自治体側からも関与に関して審査の申出をすることができ、その裁定に違法があると思料するときは国側からも自治体側からも裁判所の司法審査を求めることができると考えていたようです。

　決定権があるということは、各省大臣の法令解釈と自治体の法令解釈とがぶつかる争いの裁定をする場合には、国地方係争処理委員会の法令解釈権が各省大臣の法令解釈権より優越することを意味します。そうなると、内閣法第３条や国家行政組織法第５条に定める各省大臣の分担管理原則に基づく、各省大臣こそ所管行政の（法令解釈を含めて）最終責任者であるとする考え方（もっとも各省の行政権限は実質的には官僚が握っているわけですが）とぶつかるわけです。しかも、同じ国の行政機構内で異なった決定を下すような事態が生じると、内閣の一体性の原則に背くことになり、それを裁定するのは閣議決定しかないとする考え方（内閣法第７条参照）ともぶつかり、結局、国地方係争処理委員会は法的効力のない勧告権しか持たないことになりました。このため、国側にとっては法的効力のない勧告なら求める意味がなく、また裁判で争う意味もないことから、国側からの審査の申出や訴訟の提起はなくなりました。

　しかしながら、地方自治法第250条の18第１項は、勧告を受けた国の行政庁は勧告に即して必要な措置を講じなければならないとしています。この義務規定に法的効力はないのでしょうか。確かに勧告だから放っておいて

もよいかもしれませんが、放っておくと自治体側から訴訟を提起されることがあるわけです（地方自治法第251条の5第1項第4号）から、この義務規定に法的効力がないとは言えないと思います。

## 国地方係争処理委員会は総務省の所管

法的効力のある裁定権を持たないこととなった国地方係争処理委員会は、国家行政組織法第3条の委員会ではありえず、その第3条機関である省庁の所管に属する審議会等である同法の第8条機関として位置づけられることになりました。その所管は、本来なら内閣に直属する独立性の強い機関とすべきでしたが、これも叶わず、総務省の下に置かれました。純然たる諮問機関の地方制度調査会が内閣府の下に置かれたのと比べると理解に苦しむところです。

さて、肝心となる5人の委員の任命権を誰が握るかということは、そのレフェリーとしての地位に大きな影響を与えます。各省にまたがる事件を処理することからすれば首相とすることが当然であったように思いますが、これも所管省庁と同様、総務大臣ということになりました（国会同意が要りますが）。ところが、そうなると、総務大臣も国地方係争処理委員会の審査の対象となる関与の当事者になることもあるわけですから、係争当事者の一方がレフェリーを任命することになり、これではとても中立・公平とは言えません。

また、もう一つ重要なことは、独立した事務局を持っているかということです。こういった非常勤の民間人が入る審査機関にあっては、事務局のあり方は決定的に重要です。ところが、国地方係争処理委員会は、独立した事務局を持つことはできず、その庶務を総務省自治行政

局行政課が務めることとされました。そうなると、省庁縦割りの分担管理原則の壁がさらに高くなり、他の省庁の事件に関してものが言えるのかという心配が先に立ちます。

### 自治紛争処理委員の審査は東京で行われる？

　都道府県から市町村への関与の係争処理に係る第三者機関である自治紛争処理委員については、地方分権推進委員会ではほとんど議論されず、国地方係争処理委員会に準じた制度にするとされていました。もともと自治体相互間または自治体の機関相互間の紛争のための機関として地方自治法に定めのあった自治紛争調停委員が、その機能にこの係争処理の機能を拡大する形で衣替えし、名称も改められて、自治紛争処理委員として発足しました。自治紛争処理委員が「係争」の語を用いず、法主体同士の法的紛争を示す「紛争」の語を用いているのは、従前を踏襲しただけなのでしょうか、それとも都道府県と市町村の関係が法主体同士の外部関係であることを確認したからなのでしょうか。もし後者なら機関争訟の壁を破る突破口になると思いたいのですが。

　さて、国地方係争処理委員会に準じた自治紛争処理委員（3人）は、都道府県の関与の係争処理に関しては、総務大臣が、事件が起きるごとに、任命することになっています。しかも、あらかじめ事件に関係のある事務を担任する各省大臣と協議するものとされています。係争当事者が都道府県と市町村であるから、その"上"のところで委員を選ぶというのは、中立・公平の点で望ましいように思われますが、その係争が国（各省大臣）からの指示によるものがほとんどであると予想されることから、国地方係争処理委員会と同様、係争当事者の一方に

よる任命という不合理は否めません。しかも、事件が起きてから関係する省庁の意見を聞いて選ぶというのでは、中立性や公平性はかなり疑わしいと言うほかありません。

　この自治紛争処理委員も国の行政機関ということなのでしょうが、やはり総務省の組織内で庶務を担当するのでしょうか。また、係争当事者の都道府県と市町村の担当職員は、審査の都度、わざわざ東京まで出かけなければならない（それは省庁の監視の下で審査が行われることを意味しますが）のでしょうか。地元で審査は行われないのでしょうか。実は、こういった審査手続の詳細は、制度が施行して４年も経っているのに、未だ決まっていないのです。地方自治法施行令で自治紛争処理委員の審査や勧告の手続の細目については総務省令で定めるとしているのに、未だ定めがされていません。自治紛争処理の事件なんて起きるはずがないと思われているのでしょうか。あまりにも、おざなりと言うほかありません。

## 係争処理は行政内部の争いではない

　このように係争処理の第三者機関をみてくると、国と自治体の対等性を本当に樹立しようと考えているのか疑いたくなります。中央省庁は、国地方係争処理委員会の法令解釈権すら認めないのですから、自治体側のしかも対等な法令解釈権など認めたくないはずです。係争処理で負けるなんてことは許されないと考えているようです。そのことが第三者機関の創設に対する強い抵抗となって表れたのだと思います。そこでは係争処理が行政内部の争いごとに矮小化されているとしか言いようがありません。係争当事者が、国民あるいはそれぞれの住民を構成員として擁する別々の法主体である国と都道府県や

市町村であることが忘れられているようです。しかしながら、最終的に裁判所に訴えることができるのは、行政内部の争いごとでは済まされないからにほかなりません。

　係争処理が行政内部のことであるかのような発想は、総務省（旧自治省）対他の省庁の対立構図の中で、それが総務省（旧自治省）の仕事のように押し込められているところにも表れています。このことは、そもそも今次の分権改革が、その対立構図の中で進められてきたこととも関係しています。しかし、地方自治は、総務省（旧自治省）に所管される前に、全国自治体のものです。そしてすべての省庁がかかわることであって、分権改革は、全国自治体対オール省庁の構図で進められるべきものです。その舵を取るのは、総務省ではなく、国民代表議会である国会の役割です。

　そこで、自治体側は、総務省以外の省庁に、その所管事務にかかる係争処理を、自治紛争処理を含めて、仕掛けてみましょう。そうすると、省庁縦割りの分担管理原則の中で、レフェリーとしての第三者機関の力量が分かってくるし、総務省（旧自治省）中心の今次の分権改革の限界が分かってくるのではないかと思います。そして次の分権改革への道筋を探る一歩になると思います。

## ⑥ 市町村と都道府県の対等関係を築こう

　今次の分権改革前においても、地方自治法の建前では、都道府県と市町村は、ともに自治体として対等であり、上下の関係に立つものではないとされてきました。しかしながら、都道府県を「上位団体」とする明治憲法下以来の旧習が根強く残り、地方自治法にも都道府県と市町村が上下関係にあると思わせるような規定がいくつも残っていたこともあって、その上下関係を「ノー」とは言いにくい現実がありました。

　今次の分権改革の狙いは、国と自治体（このように国と対峙して「自治体」と言うときは都道府県も市町村も含んだ意味で使います）の関係を上下から対等へ転換させることにあったわけですが、都道府県と市町村の間に見られた上下関係の改革も、この国と自治体の上下関係の改革とパラレルに、機関委任事務の廃止や関与の縮小・ルール化などと同様ないし準じたプログラムをもって、分権改革の俎上に載せられました。改革の対象である中央集権的なやり方をめぐって摩擦が起こる可能性が高いのは、実は、国の意向を受けた都道府県と住民の意向を受けた市町村との間です。その意味では、都道府県と市町村の対等関係を築くことは、次のステップである住民自治の拡充に向けた重要な一歩となります。第6回目は、そういった観点から今次の分権改革を考えてみることにします。

### 都道府県庁の中間管理職的立場はなくなった

　国と自治体の間の分権改革により、厳密に言うと都道

府県と市町村の関係そのものを上下関係と位置づけていたわけではなく、都道府県知事と市町村長を（したがってそれぞれの補助行政機構相互を）上下関係と位置づけていた、国の機関委任事務が廃止されました。これに伴い都道府県庁の中間管理職的立場はなくなりました。

　ところが、2000年4月以降も相変わらず、通達（通知）が中央省庁から都道府県庁の中継プレイを経て市町村に送られてきます。そこには、その中継（通知）が技術的な助言にすぎなくなり、包括的指揮監督の一環としてではなく、関与のルールに基づいて行わなければならなくなったということが、きちんとわきまえられているのか疑いたくなるほどの代わり映えのなさが目につきます。その中継プレイには、分権改革を受けての、都道府県自身の自己判断・自己決定の契機が介在しているのでしょうか。関与のルール化はそのことを求めていたはずです。そこに、国－都道府県－市町村の関係を内部関係から法主体同士の外部関係つまり法的ルールがものを言う関係に転換させた、分権改革の意味があるのです。

### 上下関係の色彩のある都道府県の役割を縮減

　国と自治体の間においては、国の役割を限定する方向で適切な役割分担原則を定めた（地方自治法第1条の2）ことが、今次の分権改革の大きな目玉であり、しかも、その役割分担原則を地方自治法上国の立法原則や法令の解釈基準とした（第2条第11項・第12項）ことは、今後の地方自治の可能性を大きく開くものとして注目すべきです。

　一方で地方自治法は、都道府県と市町村の役割分担について、もともと市町村優先の原則のもと、都道府県の事務（役割）を①複数の市町村にまたがる広域事務、②

都道府県の全域で統一的に処理する必要のある統一事務、③国と市町村の間の連絡をしたり市町村を指導したりする連絡調整事務、④大規模施設の設置など一般の市町村の規模能力では処理することが困難な補完事務に限定していました。今回これらの事務の例示が削られるとともに、都道府県の上位性を示す統一事務は廃止され、上位性の色彩の強い連絡調整事務も必要最小限とするべきということになりました。

　必要最小限とするべきと言っても、その例示がなくなった現在では、連絡調整事務にどのような事務が入るかは解釈によります。したがって、そのように解釈するべきということになるわけです。ところで、削除前の連絡調整事務の例示に市町村に対する助言、勧告および指導がありましたが、これには、国の機関委任事務として知事などが包括的指揮監督権に基づいて行っていた関与は含まれず、あくまで都道府県の事務として行われていたものに限られていたはずです。そう解釈することによって、都道府県自体には包括的指揮監督権はないということをはっきりさせておきたいからです。なお法定受託事務は自治体の事務ですから、法定受託事務として都道府県が行う関与は連絡調整事務に入ることになります。もっとも、是正の指示や代執行など権力的関与は、都道府県と市町村の対等関係を考えると説明がつきにくいと思います。ここにも本当に自治体の事務なのかという法定受託事務の定義の矛盾が現れていると言えそうです。

　また同じく市町村の事務処理に係る不服申立てに対する裁決等が例示に挙がっており、これは法律の規定により都道府県の機関が特別に裁決庁等とされていることを受けて整理されていたものと思われますが、それはその機関の特別の事務であって、都道府県の事務として例示

すべきものではなかったと思います。今後は上級行政庁ではないのにそう思わせるような裁決等の事務は、連絡調整事務に入らないと解釈するべきです。

## 都道府県条例と市町村条例の間に上下はない

　都道府県条例は都道府県の事務を規律し、市町村条例は市町村の事務を規律するものです。また都道府県と市町村はその事務処理が相互に競合しないようにしなければならない（地方自治法第2条第6項）から、都道府県条例と市町村条例がバッティングすることはないはずです。ところが、分権改革による条例制定権の拡大に伴い条例による自治事務の創造が活発化することが予想され、もともと事務配分が曖昧なことも相俟って、両者がバッティングするような事態も珍しいことではなくなります。こういった場合、都道府県条例のほうが"上"だからという理由で、市町村条例のほうが引き下がらなければならないのでしょうか。

　分権改革前の地方自治法には、住民の権利を規制したり義務を課したりする行政事務については、都道府県条例は市町村条例を統制することができるとする、いわゆる都道府県の「統制条例」というものがありましたが、これも上下関係が色濃く現実に合わないという理由で廃止されました。したがって都道府県条例の市町村条例に対する優位性のようなものは一切ありません。もっとも、条例制定も、地方自治法第2条第16項後段の事務処理に当たるから、都道府県条例に違反してはならないとする見解もあります。

　そこで、両者のバッティングについては、事務配分の市町村優位の原則に照らせば、条例についても市町村のほうが優先するとみるべきであって、都道府県条例は、

都道府県全域にわたる補完的で標準的な基準を定めたものとみるべきです。このため、市町村が同種の条例を制定する場合にはその重なり合う部分については都道府県条例を適用しないとする旨の規定を都道府県条例中に置くといった、都道府県側が一歩引き下がる形での調整が期待されます。

## 都道府県と市町村の間にもあった機関委任事務

　分権改革前の地方自治法には、市町村長を都道府県の補助機関と同列に並べ知事がその権限に属する事務を一方的に委任することができるとする規定がありました。この事務委任は、国に先立って都道府県と市町村の間で地方分権を進めるといったふれ込みで全国的に実施されましたが、事務委任を受けた市町村長が都道府県の下級機関となるといったように、国の機関委任事務を都道府県と市町村の間にパラレルに移設させるようなものであり、対等性の観点からは問題がありました。

　そこで、これに代わって、条例による事務処理の特例制度という事務移譲の手法が設けられました（地方自治法第252条の17の2）。この手法は、市町村の長との協議を経たうえで、都道府県条例により、知事の権限に属する事務（法令に基づく事務も都道府県条例に基づく事務も含む）の一部をその都道府県内の市町村に移譲するもので、移譲を受けた市町村は、その事務をその市町村の事務として処理するものです。したがって、市町村は移譲された事務に関して条例を制定することができるわけです。また、事務処理に関して知事が制定していた規則は、当然には市町村に効力が及ぶことはないから、市町村の長はあらためて規則を制定すべきということになります。

従前の事務委任は、法律や都道府県条例という議会立法で決めたことを知事の一存で変更してしまってよいのかという問題点がありましたが、新しい特例制度は、都道府県議会にこの変更権を委ねたものであり、都道府県条例に基づく事務については本来の権能に戻ったわけですし、法律に基づく事務については国会の立法権が一部移譲されたものと考えられます。都道府県議会は国会よりも住民に近いため、より民意を反映することができる仕組みとして評価できますが、市町村側の同意までは要しないことから、唯一、都道府県の立法的優位を認めたものと言えそうです。

## 対等関係に基づく事務委託は活用されない

　ところが地方自治法はもともと自治体の双方が議会の議決を得て協議し合意のうえで事務委託するというやり方を用意しています（第252条の14）。これこそ対等な事務移譲のやり方です。市町村同士の間では広域的事務処理の手法として活用されていますが、都道府県と市町村の間では、事務処理能力の脆弱な小規模町村が公平委員会事務などを都道府県に委ねるといった場合にだけ利用され、都道府県からの事務移譲には活用されていません。対等なやり方は都道府県と市町村の間には似合わないということだったようです。

## 都道府県の職員の代わりをさせられていた市町村職員

　さらに由々しいことに、分権改革前の地方自治法には、都道府県知事が市町村職員に都道府県の事務を補助執行させることができるとし、市町村職員を都道府県知事の補助職員のように位置づける規定がありました。住民が都道府県知事に許可の申請をしたりする場合に、市町村

役場がその受付窓口になったりしていたのが、その例と思われます。多大な労力を要する都道府県からの調査物もこの補助執行の規定によっていたのかもしれません。というのは、都道府県からは一片の依頼文書が送られてくるだけであって、その根拠が意識されていたかどうかは疑わしく、機関委任事務かどうかにもかかわりなく包括的指揮監督の一環であるかのようになされていたからです。

　今回この補助執行の規定は削除され、包括的指揮監督権の基となっていた機関委任事務も廃止されました。関与の類型に「資料の提出の要求」がありますが、これは既存の資料の提出を求めるものであって、新たに調査を行うことまで求めるものではありません。そこで先進的なある市が県庁に対し、法令に根拠のない事務依頼は、経費負担のことも含めて契約を結んだうえで行うべきことを申し入れました。この上下関係に「ノー」を突きつけた形の市の挑戦状に対し「それならやってもらわなくて結構」と県庁側は憤慨したそうです（日本経済新聞2000年10月30日付け参照）。しかし他に事務を請け負わす根拠はないはずです。法主体同士の契約関係こそまさに対等関係を象徴するものであると意識すべきです。

　なお、都道府県知事への申請等の受付事務は、おおむね条例による事務処理の特例制度に乗せられたようです。ただし、市町村の窓口から都道府県庁に到達するまでの経由期間（この期間にこれまた根拠なしに市町村は実質的な審査をやらされています）が、行政手続法制の標準処理期間から抜け落ちるという問題点は解消されていないようです。

## 関与の挟み撃ちに逢う都道府県

　都道府県の市町村への関与のルール化は、係争処理（紛争処理）の部分を除き、国の自治体への関与のルール化と同じ条文の中で一体的に行われました（地方自治法第11章第1節）。そこでは、関与の類型にもよりますが、都道府県は自らの判断で市町村に関与することもできるし、国（各大臣）の指示を受けて関与することもできるとされています。市町村の自治事務に対する是正の要求にあっては国（各大臣）の指示を受けてしか行うことができません。このことは、市町村の法定受託事務に対する是正の指示が国（各大臣）の指示がなくても行うことができるのに比べ、それだけ市町村自治に配慮していると、一応は理解することができます。しかし、中間管理職の立場を払拭できない都道府県が自ら判断して市町村に対して関与するということは考えにくいから、その理解は妥当しないと思います。ちなみに、都道府県の関与自体の事務の区分は、その対象となる市町村の事務が自治事務や第2号法定受託事務（都道府県が本来果たすべき役割に係る事務。正確な定義は地方自治法第2条第9項第2号参照）のときは自治事務、市町村の事務が第1号法定受託事務（国が本来果たすべき役割に係る事務。正確な定義は地方自治法第2条第9項第1号参照）のときは法定受託事務となります。

　さて国（各大臣）の指示を受けて関与を行う場合は、都道府県にとっては市町村に対して代理戦争を仕掛けるようなものです。それに対し市町村側が法令解釈権を行使して自治紛争処理の反撃を仕掛けてくるかもしれません。そうなると、都道府県は、国と市町村の間で関与と係争処理の挟み撃ちに逢う形となります（木佐茂男編

『地方分権と司法分権』（日本評論社）41ページ参照）。都道府県は大変難しい立場に立たされるわけです。この場合、国（各大臣）の指示も関与にほかなりませんから、都道府県はこの指示が正しいどうかを自らも法令解釈権を行使して、必要とあれば国地方係争処理委員会に係争処理を仕掛けることもできます。大事なことは、都道府県が自治体らしさを発揮して、市町村の側・住民の側に立てるかどうかということです。今次の分権改革の目的の中心は、市町村よりも、むしろ都道府県の権限を拡大し、都道府県を自治体らしい自治体に変えることにあったはずです。

## 都道府県・市町村関係の上乗せルールの条例化

そこで、これまでみてきたような、市町村と都道府県の対等関係を築くための、例えば、市町村条例と都道府県条例がバッティングする場合の都道府県条例側の対応とか、事務委託の活用とか、調査物についての契約締結とかを、ルール化することはできないでしょうか。それは、地方自治法に定める都道府県と市町村の関係ルールを具体化したり、それを上回るようなルールを定めることであって、都道府県条例の役割です。

この条例には、都道府県の関与は広域的な役割を果たすために必要不可欠な場合に限定するとか、技術的助言や勧告のうち重要なものについては市町村からの求めがなくても書面で行うとか、資料の提出の要求についても目的や費用負担等を明示した文書で行うとかを定めることが考えられます。東京まで行かなくても都道府県と市町村の間の紛争をより広範囲にわたり、より実効的に解決できるような、中立・公平で民主的手続を取り入れた実力のある共同機関を構想することもできるわけです。

また住民へのパブリック・コメントの手法と同じような参加手法を市町村との間に設けることもできます（この辺りは北村喜宣編著『ポスト分権改革の条例法務－自治体現場は変わったか－』（ぎょうせい）48ページ参照）。
　こういった上乗せルールを市町村との間につくっていこうとする発想や気概が都道府県側から出てくるかどうかが、市町村と都道府県の対等関係を築き、豊かな地方自治を育むことができるかどうかの鍵になると思います。

## 7 条例制定権が拡大した

　今次の分権改革に至る地方自治の歴史において、自治体の中には、国の法令は全国画一で対応が遅れがちであるため、それを執行しているだけでは不十分であり、住民の健康や生活が守れないとして、特に公害規制分野を皮切りに、法令よりも厳しい規制を定める、いわゆる「上乗せ」条例を制定する先進自治体が現れ、その取り組みを支持する学説の試みが積み重ねられてきました。そこでは、法令のほうも「地方自治の本旨」という憲法規範（憲法第92条）に従わなければならないのであって、条例が違反してはならない法令とは「地方自治の本旨」に適合したものをいうとする理解が定着してきました。そうした憲法の前では条例は法令と対等であるとする考え方が、今次の分権改革を動かす原動力になったと思います。

　さて、その分権改革により機関委任事務制度が廃止され、自治体で処理する事務がすべて「自治体の事務」となったことから、自治体の条例制定権は、その処理するすべての事務に及ぶこととなり、大幅に拡大されることになりました。ところが、憲法第94条の「法律の範囲内で」あるいは地方自治法第14条第1項の「法令に違反しない限りにおいて」という限界が設けられていることは分権改革後も変わりはないし、しかも自治体の事務の根拠法令であり、また違反するかどうかの相手でもある個別法令はほとんど変わっていません。自治体の実務でも、いまだに法令は条例よりも一段上という観念が残っていて、法令と抵触する恐れがある場合には、条例制定に消

極的となる傾向があることは否めません。そのため、拡大された条例制定権はいまだ「可能性」の段階にとどまっています。そこで第7回目は、その可能性をいかに現実のものとするかといった観点から、条例制定権について考えてみることにします。

## 法令違反かどうかは法令の解釈次第

　かつては法令がある事項について規定を置いている場合には、その事項は法令の先占（法令が後から制定されても同じであることから「専占」のほうが的確な言い方のようです）領域だとされ、条例は近寄るだけでも抵触の恐れがあると思われていましたが、現在ではそういった古い考え方は克服され、条例は、法令と重なり合うところがあっても、直ちに違法とされることはなく、法令の目的や効果を阻害する場合に違法となるとされています。

　この考え方を支えているのが徳島市公安条例事件最高裁判決（1975年9月10日判決、刑集29巻8号489頁）です。同判決は、条例が国の法令に違反するかどうかについて、①法令の規定がなく法令と重なり合うことがない場合であっても、その法令の規定のないことが、いかなる規制も施すことなく放置する趣旨であるときは、これを規制する条例は法令に違反する、②条例と法令が重なり合う場合でも、条例と法令の目的が異なり、法令の目的と効果を阻害しないときは、条例は法令に違反しない、③条例と法令が重なり合う場合で、しかも目的が同一であっても、法令が全国一律の規制を施す趣旨ではなく、地域の実情に応じた別段の規制を容認する趣旨であるときは、その規制を定める条例は法令に違反しない、という3点を判示しています。この判決の法理は、分権改革

後の条例と法令の関係にも適合するものとして、地方分権推進委員会の第１次勧告でも支持され、学説も支持しています。

　しかしながら、この判決でも言っているように、法令違反かどうかは、結局、条例と法令の目的が同一であるかどうか、法令の規制が全国的に一律に同一内容の規制を施す趣旨であるかどうかといった点をどう解釈するかにかかっていることになります。しかも、法令解釈は考え方によってはどちらにでも解釈できるといった代物であり、裁判所に持ち込まれたとしても、最終的には判決が出てみなければ分からないといったところがあり、そういう意味では、条例を制定する側の自治体は不安定な状態に置かれているわけです。なお、目的の同一性について付言しておくと、法令の執行だけでは不十分であるとして上乗せ条例を制定する場合は、法令と条例の目的は同一であるため、条例の違法性が高まるということになります。

## 条例は政・省令にも違反してはならないのか

　ところで、ここまで条例が違反してはならないのは、法律と行政立法である政・省令とを一括りにして「法令」と言ってきました。そこには、政・省令は法律の授権がない限り制定できず法律の具体化とみるべきものですから、法律の範囲を越えて政・省令が単独で条例と抵触することはないとする考え方があります。しかし、法律の実質的内容があげて政令に委ねられていることが多く、「政令で定めるところに従い条例で定める」といった文言により、事実上政令が条例の範囲を限定づけていることが多くあります。そうなると、住民公選の議会が行政機関に従属することを意味し、法治行政の原則に反する

●条例制定権が拡大した

ことになります。ここでは、条例の範囲を画するものを、憲法では法律としているのに、地方自治法が政・省令にまで拡大していることは問題視されるべきであることを指摘しておきます。

### 法律による条例委任も所詮は限界付き

　法律の中には、規制対象や規制基準を条例で定めることができるとして、地域特性に応じた対応を条例に委ねているものがあります。そのやり方には、一から委ねる場合と、法令で定めたものを上乗せしたり横出し（「横出し」とは法令に定められていない対象についても規制すること）したりする場合があります。大気汚染防止法第4条や水質汚濁防止法第3条第3項の規制基準の上乗せの条例委任は、上乗せ公害防止条例の先駆的取り組みが法律改正を動かしたものとして有名です。最近では、分権改革を先取りするといったふれ込みで改正された都市計画法第33条第3項の開発許可の技術基準の強化と緩和の条例委任があります。なお、この委任は自治体への委任ですから、機関委任事務時代にあっては、機関委任事務の中にポッカリと団体委任事務を創設したといった感じでした。

　ところが、こういった委任の範囲も「政令で定めるところに従い」といった表現で限界が設けられ、その範囲を超える委任条例は違法というのが大方の見方です。せっかく地域特性に配慮するとしながら逆に締め付ける結果となっているわけです。

### 法令の立法の原則と解釈運用の原則ができた

　さて、今次の分権改革では、国の役割を第2回の「自治体と国の役割分担の原則を素直に読むべき」のところに掲載している（22ページ参照）3つの役割に限定した

うえで、自治体は地域における行政（住民に身近な行政）を自主的かつ総合的に実施する役割を広く担うとする、国と自治体の適切な役割分担の原則が定められました（地方自治法第1条の2）。しかも、特筆すべきことは、この自治体側にとって広がった役割分担の原則を、法令の立法の原則とし（同第2条第11項）、さらに法令の解釈運用の原則とした（同第2条第12項）ことです。裏を返すと、その役割分担が広がった分だけ条例制定権が広がったということです。そうなると、自治体の役割の分野に侵入してきた法令に対しては、条例が違反するということは言いにくくなるはずです。したがって、徳島市公安条例事件判決の①の判示も見直されるべきであって、法令の規定のないことの趣旨を問題にするのではなく、その分野が国の役割か自治体の役割かを問題にすることになるはずです。

　さらに、特筆すべきことは、国は、自治体が地域の特性に応じて事務処理ができるように、自治事務の場合には「特に」（「特に」と書かれていることからして法定受託事務の場合でも「それなりに」）配慮しなければならないとし（同第2条第13項）、法令の規律密度の低下の要請が定められたことです。これもまた、法令の立法の原則となり、解釈運用の原則となります。この点から徳島市公安条例事件判決の③の判示を読み直すと、自治事務法令は「地域の実情に応じた別段の規制を容認する趣旨である」ことが当然視ないし推定されることになり、自治体が上乗せや横出しも含めて条例により対応できる部分が広がったということができます。そういう意味では、自治体の事務を定める個別法令は、特に自治事務にあっては、標準を定めたものないし最低基準を定めたものに過ぎないと考えることができ、条例による個別法令

● 条例制定権が拡大した

の書き換えや書き込みも可能であるという議論に行き着くことになり、自治事務に関する条例は法令に違反しないという推定が働くとの見方も出てきます。そこで、自治体は、条例対応をせず、標準的ないし最低基準を定める個別法令をそのまま執行する場合には、そのままでその地域の特性に適合していることを判断したとする自己決定の過程を自覚的に組み込む必要があると考えます。

　このように、地方自治法第1条の2および第2条第11項から第13項までの規定は、従来の条例と法令の関係の考え方を一新させるものですが、地方自治を憲法的に保障する日本国憲法の原点に戻ったものと考えるべきであって、そういう意味では、これらの規定はより積極的に生かされなければなりません。条例が違反してはならない法令とは「地方自治の本旨」に適合するだけでなく、地方自治法のこれらの規定にも適合するものでなければならなくなったのです。

## 自治事務立法はどこまでが国の役割か

　自治事務法令を制定すること自体は、地方自治法第1条の2の「全国的に統一して定めることが望ましい」事項として、国（国会）の役割ですが、その事務を実施することは自治体の役割です。国も、その実施が国民の福祉を向上させるものであることから、その法令の執行が的確になされることに重大な関心があるはずです。それでは、このように自治事務立法に関して国と自治体の役割分担が入り組む中で、地域の特性を反映させるための条例対応ができるのは、どのような部分なのでしょうか。

　そこで、こういった議論を進めるために提示された自治事務法律の構造に関するモデル（北村喜宣著『分権改革と条例』（弘文堂）126〜130ページ参照）に即して考

えてみることにします。そのモデルによれば、法律は、国の役割分担に基づいて「法律が直接規定する部分」と自治体の役割として「自治体が担当する部分（自治事務部分）」に分かれ、さらに「法律が直接規定する部分」は「法律構造の基本的事項」と「自治体が担当する部分（自治事務部分）に関連する事項」に分かれます。「法律構造の基本的事項」は、法律の目的、明確にされている定義、計画などの手法の採用、許可制などの規制の態様、許可の取得や基準遵守の義務づけ、違反に対する罰則といった法システムの枠組みを創出する部分であって、これは全国統一的見地からの国の役割と考えられ、条例制定権は及びません。

法律の構造（許可制を例にして）

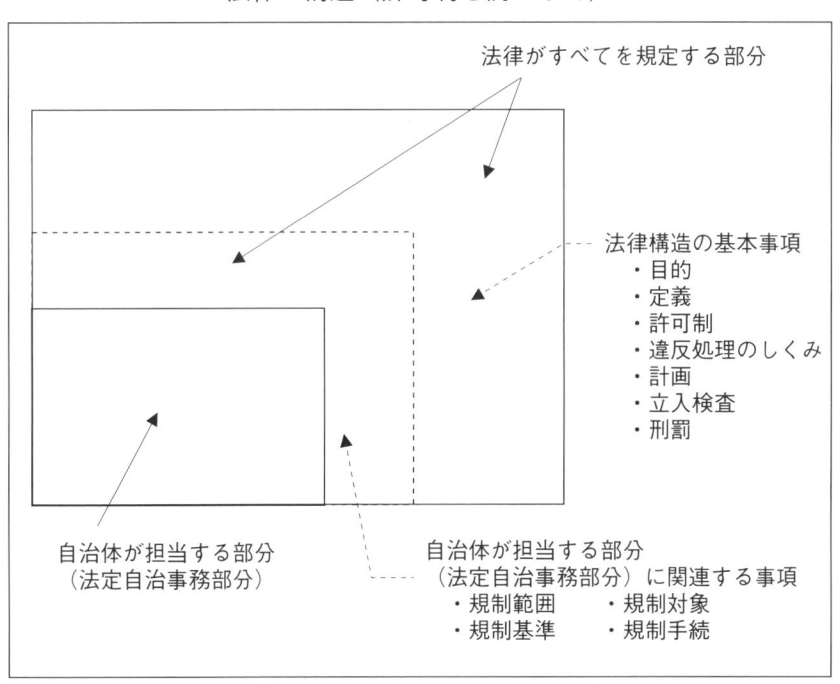

- 法律がすべてを規定する部分
- 法律構造の基本事項
  ・目的
  ・定義
  ・許可制
  ・違反処理のしくみ
  ・計画
  ・立入検査
  ・刑罰
- 自治体が担当する部分（法定自治事務部分）
- 自治体が担当する部分（法定自治事務部分）に関連する事項
  ・規制範囲　・規制対象
  ・規制基準　・規制手続

（出典）北村喜宣著『分権改革と条例』（弘文堂・127ページ）

●条例制定権が拡大した

「自治体が担当する部分に関連する事項」は、規制対象、規制範囲、規制基準、規制手続といった法定自治事務の実施に密接に関係する事項です。これも法律の規定事項ですから国の役割に関するものですが、この事項こそ、地域特性に配慮すべき部分であり、分権改革を受けて、法令の規定では不十分だとする合理的な立法事実があれば条例対応ができるようになった自治体の役割に関する事項でもあるのです。つまり、全国統一的見地の部分と地域特性配慮の部分とが入り組む部分です。

　法律が条例委任する部分もこの部分であり、法律が条例委任した場合は、国（国会）の全国統一的見地の役割として、地域特性配慮を法システム設計の一部に組み込んだと整理することができます。しかし、その配慮された委任の範囲で十分であるかどうかは別の話であって、その判断は自治事務を実施する各自治体に任されていると考えるべきであり、不十分と判断したときは、その委任の範囲を超える条例対応も可能だと言わなければなりません。それが地方自治法第2条第13項の趣旨です。そういう意味では、条例委任の範囲もまた標準的ないし最低基準と考えることができます。

### 条例委任は条例制定権の創設か確認か

　自治体の事務とりわけ自治事務については、条例制定権が本来及ぶところですから、法律による条例委任があっても、機関委任事務時代とは異なり、条例制定権が創設されたのではなく、もともとあるものが確認されたにすぎないと考えることができます。ということは、条例委任の範囲に納まる「委任条例」も、条例委任のない場合に規制対象や規制基準を上乗せしたり横出ししたりする条例（この条例を「法令執行条例」とひとまず呼んで

おきます）も、条例委任の範囲を上乗せしたり横出ししたりする条例（この条例を「拡大された委任条例」と呼んでも「法令執行条例」と呼んでもどちらでもよいと思います）も違いがなくなるように思います。これは分権改革の趣旨に沿ったもっともな考え方ですが、そう考えると、「自治体が担当する部分に関連する事項」は自治体の独占物のようになってしまいます。

　それでは、国の役割として法律がこの規制対象や規制基準を定めたり、これらを条例委任したりしていることを、どう理解したらよいのでしょうか。この入り組み状態は、法令の規律密度の低下が一段と進み、国の役割は「法律構造の基本的事項」だけを担うという考え方へ向かう移行期のものであり、いずれは解消されると考えれば納得できそうです。いずれにしても条例委任は確認的なものという方向が正しいと思います。

## 法令事務条例か自主条例か

　ここまで「委任条例」とか「法令執行条例」とか言う場合には「法令事務条例」のことを言ってきました。法令事務条例とは、法定自治事務の執行について、その自治事務法令が規定する規制対象、規制基準、規制手続等を書き換えたり書き込んだりするが、法システムとしてはその自治事務法令の「法律構造の基本的事項」の枠組みを利用する条例のことを言います。個別法令の体系の一部を侵食するような感じになるため、適法性のハードルは高いとみられていますし、そもそも機関委任事務時代には法令の特別の条例委任に基づく「委任条例」しか認められていませんでした。

　そのため、地域の実情にあった規制をするために、法令と類似の法システム（「法律構造の基本的事項」）を別

個にフル装備の形でつくる「自主条例」を制定するという手法がとられてきました。特に土地利用規制の分野では、例えば都市計画法の開発行為許可の申請前に、事前協議などの事前手続を組み入れ、事実上上乗せや横出しとなる基準を定め、その基準を行政指導を通じて誘導する、フル装備の法システムが自主条例でつくられてきました。自主条例なら法令とは別の独自の世界をつくるものであり、しかも行政指導の手法を中心として構成するなら、法令違反の心配はなかったということです。しかし、法令のお墨付きがないため実効性が低いと思われてきました。また、事業者にとっては手続の二度手間という不経済があり、法令の本審査手続の空洞化の問題も指摘されていました。

　ところが、機関委任事務が廃止され、自治事務法令の世界も自主条例の世界も同じ自治事務の同一平面の世界になったわけですから、自主条例の基準を法令の許可基準とする書き換えや書き込みをし、二重の手続を法令の法システムに統合することができそうです。それがまさに「法令事務条例」の役割であり、自主条例の抱えている問題を解消することができます。もっとも、こう言ったからといって、一般的に自主条例を否定的に考えているわけでは毛頭ありません。法令と二重規制になるような法システムをフル装備でつくることの非効率と不合理を言っているだけのことです。

　ただし、法令事務条例の方式をとる場合には、規制対象の一部拡大、規制基準の上乗せ、手続の一部付加などの規定の仕方が、個々バラバラの対応となるため、法システム全体の一覧性に欠けることとなり、読み手にとって大変面倒なものとなることから、自治事務法令と一体的に解説する解説書を作成し公表することなどが不可欠

となります。

　なお、この法令の基準の書き換えや書き込みは、行政手続法第5条に基づく許認可等の審査基準の策定ととらえることもでき、それを法令事務条例として定めるものと考えることもできます。行政手続法の審査基準は執行機関（行政庁）が定めるような書き方がされているため条例では定めることができないとする見解がありますが、それは機関委任事務時代の発想であって、審査事務自体は自治体の事務ですから、その審査基準を条例で定められないなどという理屈は成り立たないはずです。

### 法定受託事務についても遠慮は要らない

　第2回で法定受託事務についても条例制定が可能ということを述べました（19ページ参照）。しかも、法定受託事務には本来自治事務であるものが含まれていることを指摘しました。そうすると、ここまで検討してきた法定自治事務についての法令事務条例の法理は、この法定受託事務にも当てはまるということを指摘しておきたいと思います。

　なお、法定受託事務については、各大臣や都道府県の執行機関が処理基準を定めることができる（地方自治法第245条の9）ことから、この処理基準と条例との抵触問題も想定できますが、処理基準は政・省令よりレベルの低い細かな事項について定めるものであり、条例との抵触が問題なることは考えにくいと思われます。しかし、もし自治体が条例で定める内容が処理基準と抵触するようなことがあれば、それは、処理基準が踏み込むべきでない政治的レベルのところまで踏み込んだものとして否定的な評価を受けるべきものと考えます。

## 条例づくりの冒険をしよう

　自治体は、条例制定の可能性が大きく広がった分権時代にあっては、過度に法令との抵触を恐れて萎縮していた、これまでの態度を改め、住民の福祉の増進を図るために必要があるなら、法令違反の心配があったとしても、裁判所が違法と判断するまでは合法といったくらいの大胆な気持ちで条例づくりに当たるべきであると考えます。そうすることによって、条例づくりを活発化させ、まだまだ机上のものに終わっている法令との抵触の法理を現実のものとして発展させ、地方自治の充実強化につなげることができると思います。たとえ裁判で敗訴することがあったとしても、条例づくりへの果敢な挑戦が条例論の発展に寄与するものであることを確信して、堂々と冒険をしましょう。

## ⑧ 住民みんなで「自治基本条例」をつくろう

　分権改革は、これまで国がつくった政策をもっぱら執行する立場にあった自治体を、自ら政策をつくる立場に転じさせるという大きな意義があります。これを受けて、自治体は、住民のニーズや地域の課題解決のために取り組むべき政策を自ら企画立案すべき立場になりました。それは、自治体の仕事は自ら条例で創造する（国の法令の不十分なところを条例で上乗せしたり横出ししたりすることも含みます）のが本筋になるということを意味します。そうなると、自治体にも、さまざまな政策や仕事の基本的な方向性や基本理念を示す羅針盤としての規範が必要となります。つまり、国家に憲法があるのと同じように、自治体にも憲法が必要になるという話です。もちろん、自治体の憲法はそれぞれの「地域特性」に見合った羅針盤であり、それを「条例」で定めようということです。そこで、第8回目は、2000年12月に北海道ニセコ町で第1号が誕生した、あのような「自治体の憲法」としての「自治基本条例」が、分権時代の自治体には必須の装備になることを話したいと思います。

### 条例は住民がみんなで決める約束事

　そこで、今一度「条例とは何か」といった本質的なことを考えてみます。法律とか条例とか言うと、一般的には縛られるもの、違反したら処罰されるものといったイメージがありますが、本来は、それらを決めるのは主権者である国民であり住民であるわけですから、そういう意味では、法律は国民の意思、条例は住民の意思であっ

て、みんなで決めた約束事というふうに言えるわけです。もちろん、国民や住民が決めるといっても、直接決めるわけではなく、国民や住民から選挙で選ばれた代表者である国会議員や自治体議会の議員を通して決めるということです。ところが、実際に議員が自分たちで決めているかというと、そういうケースは少ないようです。法案や条例案はもっぱら執行部サイドがつくり、その案がそのまま通ってしまうケースがほとんどだからです。このことは自治体議会のほうが顕著です。そういう意味では、日本では、法律や条例は、みんなで決める約束事とは言い難い実体があります。

とは言うものの、法律や条例の拘束力ないし正当性の源が、構成員である国民や住民がその合意形成の過程に何らかの形で意思表示をするチャンスが与えられている（通常は選挙というチャンスしかありませんが）ところにあることに変わりはありません。このチャンスを多くし、民度を高めていくことが重要であり、住民に身近な自治体ほど、それが可能であり必要不可欠なことです。

## 憲法は国の政治設計図

国の根本法である憲法も、その正当性は「社会契約説」に拠っています。人民が、自分たちの人権を守ってもらうために、みんなで契約をして、憲法をつくり、国家をつくったという考え方です。つまり、憲法こそ、まさに、みんなで決めた約束事というわけです。

日本国憲法は、まず第一に、国民主権の原理を謳っています。国民が主権者であって、国の政治・行政は国民の福祉のために存在するということを前文で宣言しています。それを前提として、立法・行政・司法の三権は、国民が契約を結んで、三権のそれぞれの担い手に自分た

ちの権利を信託したのだというのが憲法の考え方です。その「信託のかたち」を条文にしたのが憲法であり、国の最高法規と位置づけられます。三権の担い手はこの憲法のコントロールの下に置かれることになります。

したがって、国会の活動も憲法の枠の中でなければならず、その制定した法律は憲法に違反すれば無効となります。さらに憲法は、その国会を国権の最高機関としています。国会は、国民の代表者が集まっているところですから、内閣や裁判所のように国民から直接選挙で選ばれていないところより上位にあると言っており、その国会がつくった法律が上位にあって、ここから、行政機関はその法律に従って仕事をしなければならないという「法治行政の原則」が出てきます。こういったことを決めている憲法は、国の政治・行政の設計図であるというわけです。憲法は、英語でコンスティテューションと言いますが、この原語は、構成とか構造とかいう意味です。

ところで、日本国憲法の下では、自治体の議会も歴とした立法府ですから、自治体は、立法府も行政府も備え、法治行政の原則に則って、自ら決定した政策を自ら執行する、政治行政の主体なのです。自治基本条例でこのことを確認しておく必要があります。

### 自治基本条例の原型は「ホーム・ルール・チャーター」

地方自治においても、というより地方自治こそ、住民は主権者であります。これまでは、住民の自治体政府機構であるにもかかわらず、国が法律をつくって、そのあり方を決めてきました。しかし、これからの分権時代は、主権者である住民が、自分たちの自治体のあり方を決めていくべきであると考えます。それこそ、国民が主権者である国家の当たり前の姿ではないでしょうか。それは、

住民が「自治体の政治設計図」をつくることであって、その設計図が「自治基本条例」であると言いたいわけです。

　この自治基本条例の原型は、アメリカの「ホーム・ルール・チャーター」にあると思います。植民地時代のアメリカで、ヨーロッパからやって来た人々が自分たちも自治組織をつくって地域共同のことはみんなでやっていこうと思うわけですが、そのためには植民地総督から自治権を認めてもらわなければなりません。その際、自分たちは、こういうまちづくりをする、議会の構成はこうする、首長を選んでこういう権限を与える、役所にはどんな仕事をしてもらう、自分たち住民はこんな責務を担う、といった自治の基本的なことを書いた書面を作成して認めてもらうわけです。その書面が「ホーム・ルール・チャーター」です。それが認められると、その地域は自治体となることができるのです。地域住民には自治体をつくるかつくらないかの自由があります。そのため、アメリカには自治体のない地域もあります。もちろん、ホーム・ルール・チャーターの中身は、自治体によって異なります。首長のいるところもあれば、いないところもあるし、教育委員会があるところもないところもあるといった具合です。住民が自由に決めるからそうなるのです。現在は、植民地総督の代わりは州議会が務めていますが、そこには補完性の原則があって、自治体がやらない仕事は州が行うことになっていて、そのため自治体が担う仕事の範囲もマチマチであり、日本のように画一的ではありません。

## 自治基本条例で「公共」を再定義する

　さて、自治体の憲法である自治基本条例は、住民の

「信託のかたち」を決めるものですから、その制定は、公共のことを、住民はどこまで自治体行政に託すのか、住民自身はどこまで担うのかといったことを、自治体ごとに考え直すことなのです。それは破綻寸前の自治体財政の建て直しにつながる重要な話でもあるわけです。

　自治体行政は、高度経済成長に伴う工業化や都市化により増大した住民の要求を、税収の増加の後押しを受けて、それまで住民が担ってきた地域共同のことや私的領域に属することまで、積極的に引き受けてきました。そのことを国の法律が決めてきたという側面もあります。その結果、自治体財政は膨張を続け、高度成長が終わりを告げた後も止まらず、引き受けたものは手放すことができず、というよりさらに引き受け続け、税収の不足は借金で賄うということを繰り返してきました。そのため膨大な借金を抱えることとなり、これから襲ってくる少子高齢社会に向けて暗い影ばかり落としています。

　しかし、この悪循環はどこかで断ち切らなければなりません。そのチャンスが自治基本条例の制定であり、行政が独占してきた「公共」の見直しであると考えたいのです。例えば権力的な「公」の部分と社会的連帯の「共」の部分を分離して「公」は行政が「共」はできるだけ住民が担うといった役割分担を考えてみてはどうかということです。市役所の窓口業務を住民に担ってもらおうという話もあります。公務員でなければならないとする明確な理由はないはずです。折しも、NPO活動の活発化に見られるように、住民の側にも公共のことを担っていこうとする気運が芽生え、その下地ができています。そのための行政と住民との対話は、自治体のことは自治体で決めることができるようになって、はじめてできることです。分権改革の意義はこういったところに表れます。

● 住民みんなで「自治基本条例」をつくろう

## 自治体の「政治設計図」の中心は住民

　住民は、納税者であり、自治体のオーナーという一面を持っています。地方自治法が、首長以下三役の報酬や議員の報酬、職員の給料、さらに議員の定数や職員の定数を条例で決めることとしているのは、このオーナーの立場を表しています。自治基本条例は、その住民を中心とした「政治・行政の設計図」でなければなりません。

　首長について言えば、その地位が住民の信託に基づくものであることを明記するとともに、就任時にその自治基本条例の理念の実現を目指しますといった旨の宣誓をしなければならないと規定することが考えられます。これは、中世ヨーロッパにおける立憲主義のはじまりが国王を法の支配の下に置き、戴冠式でこの法を守るという宣誓をさせたことに因んでいます。また職員については、従来からの住民との不幸な対立の構図を払拭し、住民との役割分担を踏まえたうえで、住民と同じ方向を目指した「協働」を基本に据えた行動をとらなければならないといったことを規定する必要があります。

　議会や議員については、政策決定についての代表機構であるという意味をもっと強めることが重要です。例えば、首長から条例案が提案されても、住民生活にかかわるような案件の場合には、すぐに議決するのではなく、議員は、一旦持ち帰って、支持者住民に報告し、問題点や争点を明らかにし、その賛否について住民の輿論を盛り上げるような努力をし、しかる後に民意を見極めたうえで議決をするようなシステムを構築することです。そのためには、1か月足らずの短い会期しか設けず、その会期内に議決しなければならないといったことも改める必要があります。さらにもう一つ大事なことは、議会は

議員同士が話し合う政策提案の場となることです。議場の形も執行部が出席しないと開会できないような形はやめ、特に委員会は議員だけの円卓会議の形が望ましいと思います。委員会の会議は、きちんとした議案書ができていて、それを形式的に議題とする場ではなく、その議案書をつくるための話し合いの場とならなければなりません。こういった内容を自治基本条例に書き込むことを提案したいと思います。

## 自治体の「信託のかたち」は住民参加が基本

　住民主権の下では、首長や議会は住民の代理人としての一面を持っています。アカウンタビリティ（説明責任）が問われるのもこの一面があるからです。代理制度では肝心な場面では本人が表に出ることができ、本人が出てきたときには、代理人は一歩引かなければなりません。ましてや代理人の決定が本人の意思より優先することはあり得ません。そういう意味で、本人の立場にある住民には、自治体の重要な政策決定に参加する権利があると言わなければなりません。自治基本条例では、このことを基本原則の第一に据え、そのうえで以下に取り上げるような重要な参加手法を取り入れることの明記が求められます。

　第一に、パブリック・コメントです。条例をはじめとする重要な政策決定について、案の段階で住民に公表して意見を求め、その意見を反映させて（意見を取り入れない場合はその理由を説明しなければなりません）案を練り直していくといった手法です。これからの自治体にとって必須の装備であると考えます。その練り直した案を再度パブリック・コメントにかけるということも必要です。法律案について二度のパブリック・コメントが徹

底されているイギリスでは、その活発なやり取りの中で、法律案の内容が国民に広く周知されるため、成立した法律を日本のように官報登載するといった公布手続は要らないとされているほどです。

　しかし、パブリック・コメントだけでは行政主導に乗っかっていることになります。そこで第二に、案の作成段階から住民参加を組み込むことが必要です。ワークショップと言われる手法を組み込んではどうかということです。審議会などに公募委員を入れることも住民参加の手法として重要ですが、それは住民を非常勤ではあるが公務員に取り込んでしまうことになり、報酬や会議時間など運営において限界があり、形式的な住民参加に堕してしまう恐れがあります。そこで、純粋に住民の立場で参加し、そこに行政職員もかかわって、重要政策の原案をつくっていくといったイメージの会議を立ち上げる仕組みを用意することです。そこで大事なことは、行政側が案を示さなければ始まらないといった古い体質を払拭することです。住民が自分たちで決めていく過程を見守り支えていくことが、これからの行政の大事な役割であることを基本に据えなければなりません。

　そして第三に、決定の段階での住民参加として住民投票を組み入れることです。これまで原子力発電所の是非を巡って、最近では市町村合併の是非を巡って、いくつかの自治体で条例に基づく制度として取り入れられ、今日では自治体における住民参加の装備として認知されています。必要な案件があるときにその都度条例を制定して住民投票を実施するという非常設型の選択肢もありますが、必要な装備として組み入れるというのであれば、常設型として制度設計すべきであると考えます。

　なお、このような住民参加の手法を取り入れる大前提

として、住民と行政との間に情報共有がなされていなければなりません。このことを基本原則の第二として自治基本条例で確認しておかなければならないことを付言しておきます。

### 行政監視も住民参加で行う

　住民参加は、政策の決定だけでなく、評価の場面にも取り入れられなければなりません。自治体における評価ないし監査の仕組みとして、地方自治法は監査委員制度を用意しています。ところが、監査委員は、議会の同意を要するとはいえ首長が選任することになっており、しかも職員のOBが選任されることが多いため、身内に甘い監査となっているとの批判があります。住民参加による行政監視という意味のある住民監査請求に対しても、監査委員の対応は、いかに却下ないし棄却の決定をするかというところに関心があるように思えます。弁護士などを外部監査人として選任する仕組みもありますが、その選任も直接住民の関与するところではありません。そこで、住民の目線を大事にするために、かつて教育委員会委員の準公選制が条例で定められたことがあったように、監査委員を住民が選挙で選んだ候補者リストの中から首長が選任するといった仕組みを取り入れてはどうかと思います。このことを自治体の「政治設計図」に書き込むという話です。かつての教育委員会委員のときのような、首長の任命権を侵害する違法なものという中央省庁の解釈は、法律の規律密度低下要請の時代にあっては、変わったものにならざるを得ないはずです。このようにして選任された監査委員は、職員にとって、煙たいだけの存在ではなく、悩みの種である一部住民からの無理・不当な要求を透明化させ、これらを排除するための盾に

なってくれるものと思います。

## 条例主義を基本原則に掲げよう

　条例は住民の意思であるわけですから、自治体の政策や施策はすべて条例で定めることが原則です。地方自治法第14条第2項は「義務を課し、又は権利を制限する」場合には条例によらなければならないとしていますが、これは必要最低限のことであって、住民主権を基本に据えて考えれば、そうでない場合であっても重要な政策は条例で定めるのが当たり前のことです。そして現にそうでない場合でも条例を制定しているケースは数多くあります。ところが、そのケースはたいてい国から制定を指示された場合であって、とかく自治体職員は条例を大仰なものとして敬遠しがちです。この考え方を改めさせるために、また議会が自らの活動の原点とするために、政策や施策は条例で定めるのが基本原則であることを自治基本条例に明記することが必要です。そうしないと、自治体の事務の中でも肝心な福祉サービスの分野が条例事項から抜け落ちてしまい、住民代表議会の知らないところで重要な政策が決定されてしまうといったゆゆしき事態を招くことになるからです。しかも、条例を制定せず要綱で済ませていると、住民は、給付を受ける権利があるとみなされず、不給付の決定がなされても不服申立ても取消訴訟も起こせないという不合理なことになってしまうのです。

　さらに、分権時代の自治基本条例としては、第7回の「法令の立法原則と解釈運用の原則ができた」のところで述べた（58～60ページ参照）法令の解釈運用の原則を生かして、「法令の自主解釈権」という見出しのもと「市は、地方自治の本旨に基づき、かつ、国との適切な役割分担

の原則に則り、法令を自主的に解釈運用する権利を積極的に行使するようにしなければならない」といった規定を設け、積極的な条例政策に取り組むべき根拠を明示することが求められます。この規定は、冒険的な個別条例を住民総意でバックアップすることを意味します。

## 自治基本条例は自治体の最高法規

　自治基本条例は、自治体の憲法ですから、その自治体の最高法規の位置づけをしなければなりません。日本国憲法が「最高法規」と規定していることに習って、自治基本条例にも自ら「最高法規」と明記することを提案したいと思います。そしてニセコ町のように、この自治基本条例をピラミッドの頂点に据えて、他の条例や規則をその下に体系化するといったイメージを規定するとともに、その下位にある条例などが自治基本条例に違反すれば無効となるといった規定をすれば、その最高法規性は一段と明らかになります。なお、73～74ページに述べたパブリック・コメントもワークショップも住民投票も、具体的な制度は、この自治基本条例の下に、それぞれ個別条例として制定することになります。さらに、最高法規性を示すために改正手続に、議会の特別多数議決がいるとか、住民投票に付さなければならないとか、ハードルを高くすることも考えられます。ただし、改正手続を高くすることは、はじめから完璧な条例ができるわけではないこと、時代の変化により条例も発展していかなければならないこと、さらには条例も事後評価の対象となることを考慮すれば、慎重に考える必要があります。

　ところで、地方自治法には条例に上下の区別がないことから最高法規性の明記に疑義を唱える見解もありますが、住民の意思である条例を住民がそう決めるわけです

条例体系のイメージ

```
                    ▲
                  ／　＼  ← 自治基本条例
                ／ 　　 ＼   （自治体の最高法規）
              ／　　　　　＼
            ／●☆△○　　　＼ ← 分野ごとの基本条例
          ／ ●基 ☆基 △基 ○基 ＼
        ／   本  本  本  本   ＼
      ／     条  条  条  条     ＼
    ／       例  例  例  例       ＼
  ／●●☆☆△個情行×○○         ＼ ← 個別条例
／ ●●☆☆△人報政×○○           ＼  （具体的な
　条 条 △情公手○×条             　　制度条例）
　例 例 △報開続○×例
　　　　条保条条×条
　　　　例護例例×例
```

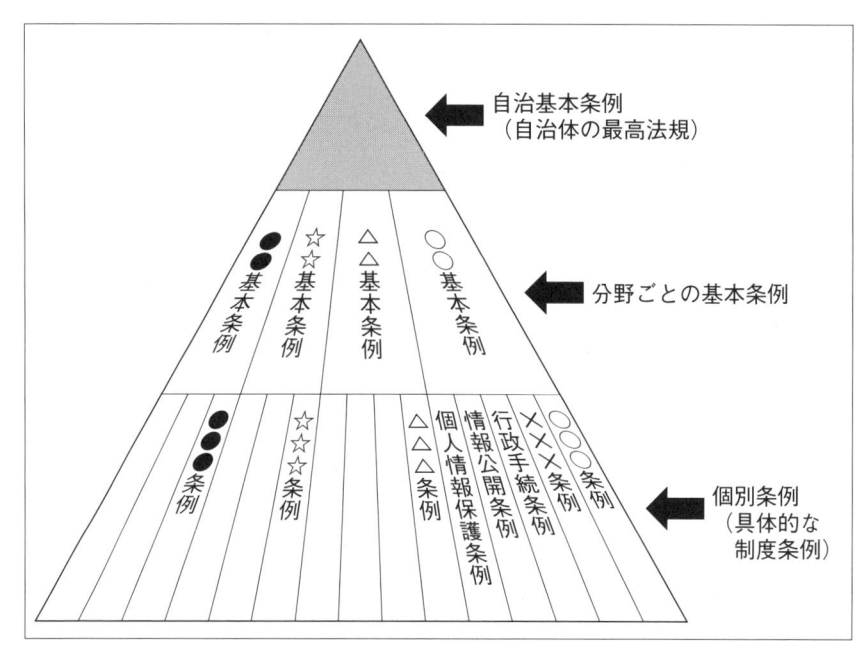

から何ら問題はないと思います。

### 自治基本条例の制定手続を条例で定める

　自治基本条例が最高法規であるためには、それなりの高い制定手続が必要です。そこで、最高法規にふさわしい制定手続を定める条例を先きに制定するという手法が考えられます。制定議会では特別多数議決がいるとか、住民投票にかけるとかいった高い制定手続を定めることが考えられますが、それ以上に、徹底したパブリック・コメントとワークショップの手続を組み入れることが重要です。可能であるならば、アメリカのホーム・ルール・チャーターの起草委員会に習って、起草委員を住民が直接選挙で選ぶといった仕掛けをつくることも一考すべきです。それこそ自治体の憲法にふさわしい制定手続

となり、住民の自治意識や住民自治を大いに喚起する革命的な出来事となるはずです。

　そうした手続をとることによって、条例自体の実効性を高めることができ、また何より日本にもようやく自立した市民による「市民社会」の創出の可能性を拓くことになると思います。このように、自治基本条例の制定運動の中で、住民がエネルギーと時間を費やし、自ら考え自ら行動することが大切なのです。

●住民みんなで「自治基本条例」をつくろう

## 9 三位一体の改革がこの国のかたちを変える

　自治体職員は、新たな施策や事業に取り組もうとするときは、まず国や県から補助金がもらえるかどうか、あるいは地方債（借金）が認めてもらえるかどうかを考えることが、思考回路に組み込まれています。それほど自治体は財政的に自立していないという話ですが、それは国・自治体を通じた財政の構造的な話でもあります。機関委任事務がなくなっても、「歳入の自治」や「歳出の自治」が拡大されなければ、「分権時代」がやって来たとは言えません。

　ここまで「今次の分権改革」と言ってきた、2000年4月施行の地方分権一括法により一応の決着をみた分権改革でも、国から自治体への税源移譲をはじめとする財政の地方分権は、最重要課題の一つとして位置づけられていましたが、国の財政難を理由とする大蔵省（現財務省）の強い抵抗に遭い、先送りを余儀なくされました。この分権改革をリードしてきた地方分権推進委員会が自ら「未完の分権改革」ないし「第一次分権改革」と称する理由がここにあります。ただし、同委員会は、2001年6月の最終報告で、基幹税の税源移譲と、これを基軸に据えた国庫補助負担金の削減と地方交付税の改革を進めるべきことを強く提言し、「第二次分権改革」の断行にその実現を託したのです。分権一括法の附則でも、国と自治体の役割分担に応じた地方税財源の充実確保の方途を検討し必要な措置を講じるべきことを謳っています。

　さて、この先送りされていた改革が、2003年6月「経済財政運営と構造改革に関する基本方針2003」（骨太の方針

第3弾）が閣議決定され、「三位一体の改革」として動き出しました。分権時代を確たるものにするためのチャンスの到来とみるべきです。第9回目は、この三位一体の改革については、とかく国の財政再建に重点を置かれがちですが、その目指すべきところはこの国のかたちを変えるほどの分権ビジョンであることを訴えたいと思います。

## 4兆円だけでは未完の改革に終わる

　骨太の方針第3弾は、地方分権推進委員会を後継した形の地方分権改革推進会議が税源移譲が先か国庫補助負担金の削減が先かをめぐって委員間に激しい対立が起こり、また税源移譲を渋る財務省と地方交付税の見直しを回避したい総務省と国庫補助負担金の削減に強く抵抗する各事業省との対立で「三すくみ」状態となり、改革の行方に暗雲が立ち込めていましたが、これをひとまず払いのけました。すなわち、2004年度から2006年度までにかけて、国庫補助負担金を概ね4兆円を目途に削減し、その削減分のうち引き続き自治体が主体となって実施することが必要な事業については、義務的なものは徹底的な効率化を図ったうえで所要の全額を、それ以外は8割程度を、基幹税を基本として税源移譲し、さらに地方交付税も縮減するとした、税源移譲と国庫補助負担金削減と地方交付税改革とを同時に行う「三位一体の改革」を打ち出しました。もっとも各年度の具体的な取り組みの中身は、国の予算編成の場に委ねました。各省の駆け引きが渦巻く中で、果たして財政の地方分権の目的は達成されるのでしょうか。

　ところで、約20兆円ある国庫補助負担金のうち4兆円の改革で終わってよいものか（もっともそれさえ危ぶまれますが）ということが問題です。その後2003年8月に

は岩手県知事など6知事が約9兆円の国庫補助負担金削減案を発表し、さらに10月には「闘う知事会」をスローガンに掲げる全国知事会会長の岐阜県知事が、全都道府県を対象に調査した結果として、9兆円から10兆円の削減を求める私案を公表しました。また改革派市長の代表も9兆円の削減案を提案しました。これらの提案の注目すべき点は、国庫補助負担金の削減分の全額の税源移譲を求めていないことです。税源移譲され自己決定が働くようになれば自ずから歳出を削減できると言っているのです。ということは三位一体の改革を進めれば進めるほど、国家全体の歳出が減り、自治体の自治権も拡大するというメリットがあるのです。ですから、三位一体の改革は徹底的にやるべきであって、4兆円だけで終わるとしたら未完のままで終わるということを意味します。

三位一体の改革のイメージ

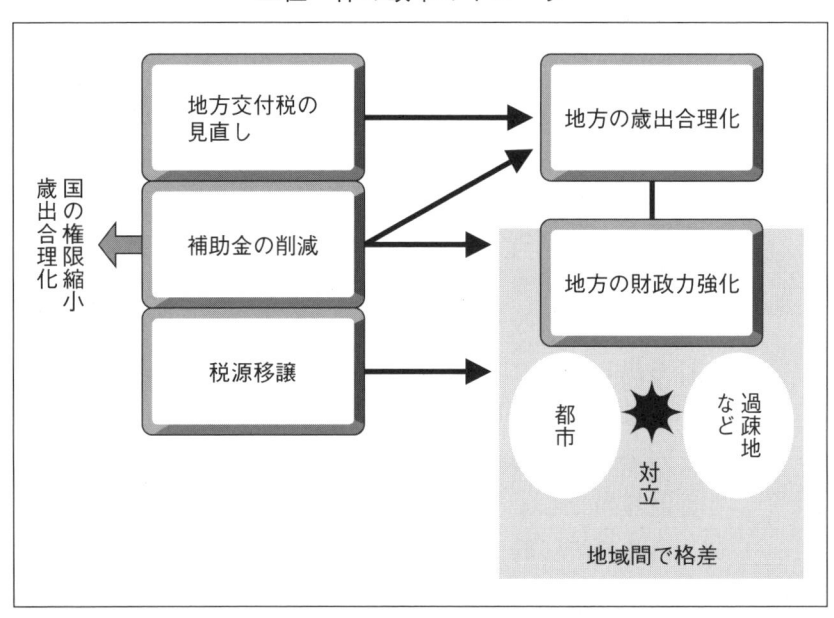

```
┌─────────────┐
│ 地方交付税の │ ──────→ ┌─────────────┐
│   見直し    │          │ 地方の歳出合理化 │
└─────────────┘          └─────────────┘
                                │
 国  ┌─────────────┐                ↓
 の  │ 補助金の削減 │ ──────→ ┌─────────────┐
 権  └─────────────┘          │ 地方の財政力強化 │
 限                            └─────────────┘
 縮  ┌─────────────┐
 小  │  税源移譲   │ ──────→   都     過疎地
 歳  └─────────────┘          市 ※  など
 出                              対立
 合                         地域間で格差
 理
 化
```

（出典）日本経済新聞2003年11月21日付け朝刊

## 自治体は仕事が多いのに税収が少ない

　国と自治体の財政を国家全体のマクロ的視点から見ると、最終的な歳出の段階では、国と自治体の比率はおおよそ2対3と自治体のほうが多いのに対し、歳入である租税総額に占める国税と地方税の比率はおおよそ3対2と逆に自治体のほうが少なくなっています。このことは国から自治体への財源移転が必然的であることを意味します。そして国と自治体との間に構造的な権力関係が生まれることも意味します。小泉首相は「地方でできることは地方で」と言っていますが、この歳出構造からみて、地方でできることは既に地方でやっています。問題はその仕事量に見合った税収比率になっていないことです。「地方でやることは地方の税収で」賄えるようにすると言うべきなのです。というのは、自治体は国からお金をもらうために、国からさまざまなコントロールを受け、地域住民のニーズに合わない（したがって無駄な）全国画一的な施策を実施してしまうという弊害があるからです。この弊害をなくすことが三位一体の改革の狙いであり、そうすることによって国・自治体を通じた歳出削減が可能になるという話です。

## 自治体の仕事量は地方財政計画で決められる

　それでは、自治体全体の仕事量はどのようにして決まるのでしょうか。3300の自治体が住民ニーズを取捨選択した結果を積み上げて決まるのでしょうか。そうではないようです。総務省が、国が法律で決めている義務的な仕事、自治体として当然するべき仕事、国が国庫補助金の補助要綱で奨励している仕事、さらに一定範囲の自治体の自主的な仕事など、全国自治体がやるべき仕事の総

量を歳出の面から見積もって作成する、地方財政計画で決まるのです。ちなみに2004年度は84.7兆円です。ここでは自治体全体の歳入の見積もりも決められ、歳出総額に足りない分が財源保障としての地方交付税額となります。2004年度の交付税額は16.8兆円です。この地方財政計画は、自治体全体の予算とでも言うべきもので、国の予算編成と並行して作成されます。

　では、なぜこのような社会主義計画経済のようになっているのかというと、全国自治体のすべてが同一水準の行政サービスを提供しなければならないと考えられているからです。このことは、どんな小規模町村でもフルセットの仕事をしなければならないとする日本の地方自治のあり方と関係しているし、また今日の財政危機の中で強制的とも言える市町村合併が進められていることにも関係しています。

　なお、地方交付税の財源は、本来は国税である所得税・法人税・酒税のそれぞれ32％分、消費税の29.5％分およびたばこ税の25％分ですが、地方財政計画が「歳出総額ありき」で決められることから、高度経済成長以来の歯止めのない歳出膨張の中で特にバブル経済崩壊後慢性的な財源不足となり、借金で賄うことが常態化し、毎年数兆円の借金を積み重ねてきた結果、地方交付税特別会計の借金残高が50兆円にも上り破綻寸前となっています。そんな中でも自治体財政は、国がお膳立てをしてくれた計画の中でやりくりをしていればよいかのようです。自治体の財政的自立を阻害しているものの第一に挙げられるのは、削減を迫られている国庫補助金ですが、むしろ地方財政計画と地方交付税の財源保障の仕組みこそ自治体財政の自立を阻害しているように思います。

## 補助金の削減は自治体の自由度を高める

　さて、削減対象の国庫補助負担金には、事務を奨励するための補助金と、国が法律で義務づけた事務の経費を負担する負担金があります。奨励的補助金は、もらうかもらわないかの自由はありますが、もらう以上は所管省が事細かに定める基準に従わなければなりません。例えば山道をつくるのに補助率の高い補助金をもらおうとすると、地元住民からすれば幅3mで一部すれ違いのできる幅広いところがあればよいのに、道路構造令に従って幅5mで3m幅の歩道があるものをつくらなければならないといったことになります。また、補助金は事業費の100％をもらえるわけではなく残りの50％とか30％とかは自己負担しなければならず、その分だけ自由に使える自前の財源が圧迫されるという弊害もあります。このような補助金は、自治体政策の自由度を高めるためにも、無駄な支出を抑えるためにも、真っ先に削減されなければなりません。そしてその削減分は自治体に税源移譲される必要があります。

## 負担金は事務の義務づけの縛りのほうが問題

　このようにやり玉にあげられている補助金は、約20兆円と言われる国庫補助負担金のうちでは3.3兆円しかなく、その大半は負担金です。負担金は事務を義務づける見返りですから、地方自治法第232条第2項でも国に財源措置を義務づけています。したがって、法律による事務の義務づけをそのままにして負担金が削減されるだけなら、たとえその分の税源移譲があったとしても、その分はそっくりそのまま使わざるを得ないから、自治体に負担だけを押し付ける結果になります。焦点となってい

る義務教育費国庫負担法の公立小中学校の教職員の給与費の２分の１の国庫負担の削減も、焦点となっている理由はその額が年間２億8000万円と突出して大きいからのようですが、その給与の支給に裁量の余地がなく、教職員の柔軟な配置や少人数学級の編成などを試みようとしても強い縛りのためにできないという問題があり、この縛りをなくすことが、自治体側からの削減の理由です。法律による義務づけをなくす、あるいは縛りを緩やかにするといった改正が負担削減と同時になされなければ意味がありません。給与本体はそのままで、教職員の年金に相当する共済費の負担分や退職手当の負担分だけを削減することが既に2003年度から実施され、あるいは2004年度から実施されようとしていますが、自治体の裁量権を広げるという目的からはまったく意味のない削減であると思います。もっとも文部科学省は、給与本体の負担削減を阻止するためと思われますが、教職員配置や学級編成の裁量を認める方向の方針を打ち出しています。

　なお、国庫補助負担金の削減をその補助率や負担率の引き下げで数字合わせしようとする姑息なやり方は、あるまじき禁じ手と言わなければなりません。自治体へ負担を押し付けるだけの何者でもないからです。厚生労働省は補助負担金削減への対応として生活保護費の国庫負担を４分の３から３分の２へ引き下げることを考えているようですが、これは絶対に阻止しなければなりません。このように各省は、補助負担金削減を阻止するためにあの手この手を使ってきます。何と言っても補助負担金は各省の権力の源泉だからです。

## 自治体の借金残高は200兆円に達する

　地方交付税が自治体の財政規律を育たなくしているこ

とは先に触れましたが、このことは自治体の借金である地方債に関して如実に現れます。地方債は地方財政計画では収入として組み入れられます。このため公的資金の割り振りの意味を兼ねて、地方債の起債は総務大臣（市町村にあっては都道府県知事）の許可を要することとし、国のコントロールの下に置かれています。ただし2006年度からは事前協議制に変わりますが、郵便貯金や公的年金などを原資とする財政投融資資金から公的資金を借り入れる場合には総務大臣等の同意を要することになっています。さて地方債に関して財政規律が育たないというのは、総務省が許可により借り入れの世話をし、そのうえ元利償還についても地方交付税の基準財政需要額に組み入れて、返済の面倒までみるということが行われているからです。まさに上げ膳据え膳の状態です。このやり方は、特にバブル経済崩壊後、地方財政が国の景気対策に動員される中で、国庫補助事業ではない自治体独自の公共事業を進めるのに、一役買いました。全国各地で美術館やホールなどのハコモノが競うように建設されたのは、このためでした。しかし、景気は回復せず、返済不能なほどの膨大な借金を残しました。しかも、このやり方のために膨らんだ地方交付税の不足額を埋めるために地方交付税特別会計が借金を繰り返しましたが、それも限界にきて、2001年度からはこの不足額は国と自治体が折半し、国のほうは一般会計から捻出し、自治体のほうは特例的に赤字地方債（臨時財政対策債）で補うという事態に陥りました。この赤字地方債もまた元利償還は地方交付税で面倒をみるという悪循環の繰り返しです。その結果2004年度末には全国自治体の借金残高は200兆円という途方もない額に達する見込みです。ちなみにこの額は自治体全体の1年の税収（2004年度の地方財政計画

●三位一体の改革がこの国のかたちを変える

では32.3兆円）の6倍を超えています。なお、そうした中、国も財政難で地方債を引き受ける余裕がなくなり、自治体に市場での地方債発行を促しています。いよいよ自治体は国から親離れを求められているようです。

### 元利償還の約束手形は不渡りになるかも

　50兆円に迫ろうとする地方交付税特別会計の借金の返済は、国と自治体が折半することになっていて、自治体側の返済は、各年度の交付税総額から天引きするという形で行われます。その分だけ各自治体が受け取る交付税額が減らされることになりますが、それにより基準財政需要額が満たされないとなると、その分もまた赤字地方債で借金をすることになります。まさに借金で借金を返済するという事態です。しかも元利償還のつけを将来に回すことになります。この元利償還も将来に向けた借金であり、その返済は、地方交付税が面倒をみるとして「約束手形」を振り出した格好になっています。この額も70兆円を超えるとみられています。

　もちろん、こういった危機的事態を受けて、総務省は公共事業の削減や職員の給与カットなどのリストラを自治体に迫り地方財政計画の歳出削減を図っています。歳出総額はここ3年連続、交付税額もここ4年連続して削減されています。しかしそれでも2004年度は歳入不足が発生し自治体側は折半分として4兆2000億円もの赤字地方債で補うことになっています。泥沼状態から抜け出すことは不可能のように思われます。元利償還の「約束手形」が不渡りになる恐れがないとも言えない状況です。地方交付税制度は、もはや破綻していると言っても過言ではありません。

## 税は住民との対話の手段

　住民税よりも所得税のほうが税率が高いことから分かるように、これまで、住民が納める税金は、そのより多くが国のほうへもって行かれ、その後国庫補助負担金や地方交付税として自治体に戻ってきます。住民としてはたくさん税金を納めているけれども、見えないところから見えない仕組みで戻ってくるため、行き先が見えにくくなっています。自治体としても、住民が納めた税金なのに、もらう相手が国であるために、税を通して住民と対話するチャンネルが狭められています。税源移譲とは、住民の納める税金が、どこかから回って入ってくるのではなく、直接その自治体に入るようにしようということなのです。自治体が使うお金はその住民が納める税金で賄うことを基本にしようという話です。そうなると、高齢者福祉にこれだけかかる、道路建設にこれだけかかる、だからこれだけの税収が必要だといった住民との対話が可能になります。それは住民の間に政策の優先順位などを巡って政策論争が生まれることを意味し、住民も税の使われ方に無関心でいられなくなるはずです。もちろん、住民にとって受益と負担の関係が分かりやすくなり、必ずしも税率が全国一律でなくても納得できるわけです。そこに住民自治としての課税自主権が生まれてきます。そうなってこそ、個人住民税の税率の上限の撤廃や法定外目的税の創設といった第一次分権改革の成果が生かせるのです。そのような結果、無駄に税金を使えないという財政規律が高まり、歳出削減につながるはずです。

## 2004年度は1兆円の削減

　さて、骨太の方針第3弾を受けての2004年度の国の予

算編成においては、各省の抵抗で難航していましたが、最終的には国庫補助負担金の削減目標を1兆円と定め、各省の割当額を決めるなどした結果、目標は達成しました。その内訳は、公立小中学校の教職員の退職手当など2300億円、公立保育園運営費1700億円、公営住宅建設費の一部530億円、まちづくり総合支援補助金530億円などです。このうち、公立保育園運営費を含む21事業分の8割ないし10割分の2198億円と、2003年度から削減されていた公立小中学校の教職員の年金の共済費分2051億円を合わせた4249億円について、税源移譲ではありませんが所得税の一部が「所得譲与税」として自治体へ財源移譲されます。都道府県と市町村とに折半したうえで、それぞれ人口比に応じて配分されるということです。公立小中学校の教職員の退職手当分は将来の税源移譲を約束するといった意味合いの「税源移譲予定特例交付金」として、まちづくり総合支援補助金は「まちづくり交付金」に衣替えして、それぞれ財源移譲されます。これらの交付金化が、自治体の裁量権をどれだけ広げるかについては、自治体側の意識改革の度合いにもよりますが、悲観的な見方が一般的です。また交付金は、いくら一般財源だと言っても国からもらうことに変わりはありませんから、住民との対話のチャンネルを広げることにはなりません。なお公営住宅建設費分は歳出削減に使われ財源移譲はありません。

　肝心の税源移譲については、国庫補助負担金の削減額が数兆円規模に達しないと行えないとして2005年度以降に先送りされましたが、遅くとも2006年度には「所得譲与税」と「税源移譲予定特例交付金」に見積もられる分が税源移譲されるはずです。具体的には、所得税の税率を引き下げて、現行では都道府県分と市町村分を合わせ

て5％、10％、13％と3段階になっている個人住民税の税率を一律10％にして全体として税率を引き上げることが有力視されています。これによると約3兆円の税源移譲が見込まれます。

しかし、財政再建を目指す財務省は、歳出削減を第一とし、税源移譲については消極的であるため、先行きに予断は許せません。そして1兆円の削減でさえこれだけ難航するのですから4兆円は手始めなどと言っても一笑に付されかねません。

## 中央省庁をお金の分配業から解放する

国は、自治体歳出の一つ一つに関与していますが、その全体もコントロールしています。この一つ一つに切り込むことが国庫補助負担金の削減なのですが、これでは根本的な歳出削減には至りません。それよりも国が全てを仕切ろうとしている考え方を改め、歳出も歳入も住民自治の力に委ねることのほうが、むしろ近道です。その理屈は89ページの「税は住民との対話の手段」のところで述べたとおりです。歳出や歳入が多いか少ないかはそれぞれの住民が決めればよいことです。国のほうこそ自治体から子離れをしなければならないという話です。そこで支度金として、自治体の仕事の分担に見合った分、つまり租税総額の5分の1に相当する分を自治体へポンと税源移譲するくらいの度量が必要です。まずは「入りをはかって出を制する」ことが常道であり、そのための条件整備を図るためです。

さて、中央省庁は自治体の歳出と歳入を取り仕切ることで巨大なお金の分配機構と化しています。その分配業に忙殺され、国の本来の役割に専念できないために、狂牛病は防げなかったのだと言われています。ですから中

央省庁をこの分配業から解放することこそ国益のためになります。ところがこの分配業をなくすことは、言ってみれば省庁の解体につながるリストラを意味します。徹底した自治体への税源移譲はこの国のかたちを変えることにつながるのです。もちろん、それは明治以来のかたちを変えるわけですから、大変なことです。しかし、この明治以来の後進国型のやり方が招いた破綻寸前の国家財政を救う方策は、主権者住民により近い自治体中心の分権型国家へ変貌させるしかないと考えます。

## 財政調整の仕組みが残された課題

　自治体への税源移譲を進めると、自治体間に今以上の財政力格差の生じることが懸念されています。もちろんそのための調整の仕組みを整えることは必要です。それが難しいからといって税源移譲に反対することは本末転倒です。国が取り仕切っている地方交付税制度は本来その財政調整を目的としていますが、うまく機能せず破綻の危機に瀕しています。税源移譲を巡っては都市部と農村部の対立、あるいは東京の一人勝ちが問題となっていますが、ここは国に調整を任せるのではなく、全国自治体が、目先の財源確保にとらわれることなく、話し合って解決していかなければなりません。全国自治体が自立するために越えなければならないハードルだと思います。

# 10 個別法の地方分権に挑む

　今次の第一次分権改革により、第7回の「法令の立法の原則と解釈運用の原則ができた」のところ（58〜60ページ参照）で述べたように、地方自治法第2条第11項に国と自治体の役割分担原則を、同条第13項に自治体の地域特性に配慮した法令の規律密度の低下要請を、それぞれ法令の立法原則とすることが明記されました。同じく第3回の「関与の基本類型を提示して個別法を制約する」のところ（26〜27ページ参照）で述べたように、国や都道府県から自治体への関与の一般ルール法として、地方自治法第245条の3に、関与の必要最小限の要請や、強い関与類型についての用い方の制約などの関与の基本原則を法令の立法原則とすることが明記されました。ところが、自治体の仕事を規定する個別行政分野の個別法は、これらの立法原則を取り入れた改正がほとんど行われていないし、それどころか、これらの立法原則に反するような改正や新規立法が行われています。これでは地方自治法の立法原則は何の意味もありません。自治体はこれを黙って見ているしかないのでしょうか。そうではないと思います。立法原則は解釈運用の原則でもあります。第10回目は、自治体側はこの解釈運用の原則を生かして個別法に立ち向かうべきだということを訴えたいと思います。

## 関与の一般ルール法が生きていない

　地方自治法の関与の一般ルールは、自治事務の場合には、協議（協議については法定受託事務の場合も）、同

意、許可・認可・承認および指示の関与類型は例外的にしか認めていません（地方自治法第245条の3第3項から第6項まで）。ところが、都市計画法や農業振興地域の整備に関する法律（以下「農振法」と言います）などの土地利用規制のための計画づくりが、せっかく自治事務になって自治体の自由度が広がると思ったのに、例外的にできるとは言うものの悉く事前協議制が採られ、しかも同意を要するとされたため、それまでの承認や認定を要するのと変わらなくなっています。さらに、指示については、その認められる例外的ケースは「国民の生命、身体又は財産の保護のため緊急に自治事務の的確な処理を確保する必要がある場合等特に必要と認められる場合」とされていて、かなり限定的です。ところが、個別法では、例えば、農振法第13条第3項のように何らの要件を付することなく「必要があると認める」だけで都道府県知事が市町村に対し農業振興地域整備計画の変更を指示することができるとしたりするものがあります。もっとも、同じ指示でも、建築基準法第17条第2項・第3項のように「多数の者の生命又は身体に重大な危害が発生するおそれがある」場合や、下水道法第37条第1項のように「公衆衛生上重大な危害が生じ、又は公共用水域の水質に重大な影響が及ぶことを防止するため緊急の必要がある」場合に限定しているものもあります。

### 係争処理が仕掛けられないとなると直接執行か

　さらに関与のルールに関して、最終的に国地方係争処理委員会が勧告機関となったことと相俟って、国側から係争処理や訴訟が起こせなくなったためとみられていますが、地方自治法の一般ルールで、非権力的な関与である是正の要求にあえて自治体側の改善義務規定が創設さ

れました（地方自治法第245条の5第5項）。そのことが関与の強化にあたるとして国会で論議となったにもかかわらず、個別法にはわざわざその改善義務規定と同様の規定を盛り込む改正がなされたものがあります。例えば不当景品類及び不当表示防止法第9条の6第2項や道路法第26条第3項です。分権改革の精神が生かされていない一例です。

　また同じく国側から係争処理が起こせなくなったことに絡んで、個別法には、自治事務であっても、指示などの関与に自治体側が従わないときは、国側が直接執行することができるとする規定を置いたものがあります。例えば建築基準法第17条第7項や廃棄物処理法第24条の3などです。法定受託事務の場合には、自治体側が指示に従わないときは、国側は代執行をすることができますが、その場合には訴訟を起こし勝訴判決を得なければならないという非常に高いハードルを越えなければなりません。それなのに、関与が弱いはずの自治事務であるにもかかわらず、自治体側が国側の指示に従わないからと言っていきなり直接執行してしまうというのは、自治体側の法令解釈権を無意味にしてしまうものであって、あまりにも関与の一般ルール法を無視したものと言わなければなりません。

## 役割分担の原則も生きていない

　さて、地方分権一括法の基となった地方分権推進計画が閣議決定された1998年5月以降2000年12月までの間に新たに制定された法律が、地方自治法に盛り込まれることになった立法原則に適合しているかについての研究結果をまとめたもの（滝本純生「最近の法律は地方分権の精神を体現しているか」自治研77巻11号92ページ）

があります。これによると、国と自治体との役割分担の原則に適合していないものをいくつか指摘しています。例えば、特定家庭用機器再商品化法は、小売業者や製造業者等に対する再商品化等の実施状況報告の徴収や立入検査の事務を含む法執行のための全ての事務が、廃棄物の処理・再利用という自治体の自治事務と密接に関わり、地域住民の生活と密着し自治体が主体的に処理すべきであると考えられるにもかかわらず、これらの事務を国の行政機関が直接行うとしていることです。こういった不適切な役割分担の結果、自治体は、同法の施行に伴ってかえって増加した不法投棄の処理や防止などの後始末に追われ、廃棄物処理行政の効率的な処理に支障が生じていると言っています。

　また、法律に定める事務を自治事務としながら一部を国の行政機関の事務としたことにより、地域における事務の総合的な実施を阻害しているものがあると指摘しています。例えば、いわゆる交通バリアフリー法が、公共交通機関のバリアフリー化を重点的・一体的に推進するため、地域の実情を把握している市町村が重点整備地区における基本構想を策定することとしながら、この構想に従って公共交通事業者等が作成する事業計画の認定などの事務を国の行政機関の事務としていることです。しかも、バリアフリー施策は、自治体が福祉のまちづくり条例などを制定し先行的に取り組んできた分野であるのに、同法が後からできて条例との競合の問題を生じさせています。このようにみてくると、個別法には、自治体との役割分担の原則は眼中にないといった感じを受けます。

### 構造改革特別区域よりも役割分担の原則

　分権一括法以前からある個別法については、そもそも

役割分担の原則とは無関係にできています。だからこそ、自治体としては、放っておけない場合があるはずです。このことを、自家用自動車による有償のいわゆる白タク行為を禁止している、道路運送法第80条第1項を例に挙げて考えてみたいと思います。障害者や高齢者など独りでは外出できない移動制約者にとっては、通院や社会参加のため、市民活動やボランティアによる移送サービスが欠かせないものとなっています。このサービスは、利用者にとってもガソリン代程度の料金を払うほうが利用しやすいこともあって有償としているところが多く、道路運送法違反の嫌疑がかけられています。同法を所管する国土交通省はある程度目をつぶっていますが、サービス提供者は常に罰則適用の不安を抱えています。そこで、構造改革特別区域法の特別区域の認定を受けて、地域の特性に応じた規制の特例措置の適用を受けようという話がありました。その話は2003年3月に成就しましたが、法律の規制の特例措置そのものではなく、道路運送法第80条第1項ただし書の有償運送を可とする国土交通大臣の許可の審査手続に自治体主宰の協議の場を組み入れるというものでした。ところが、これまで許可の実例がなかったこともあって、逆に、サービス主体は社会福祉法人やNPO法人でなければならないとか、車両は車椅子用の福祉車両でなければならないとか、運転者は第二種免許を持っていなければならないとかいった許可の基準が定められ、規制の強化となってしまう恐れがあるという話です。

　ところが振り返って考えると、道路運送法第80条第1項ただし書の許可の要件である「公共の福祉を確保するためやむを得ない場合」の判断は、本当に国の役割なのでしょうか。自家用自動車を送迎に利用する必要性は、

それこそ、公共交通機関の整備状況など地域の実情によって大きく異なります。その許可の判断ができるのは自治体以外にはないように思います。構造改革特別区域の認定の一環としてこの許可の手続に自治体主宰の協議会を組み入れたのは、まさにそのことを示しています。住民に身近な行政はできる限り自治体が行うとした役割分担の原則に照らせば、その許可は、ますます自治体の事務のように思えてきます。そういう解釈が成り立てば、道路運送法の規定のほうが、役割分担原則に違反し、違法の疑いが出てきます。そこで自治体は、条例を制定して、このような許可を市町村長の許可と書き換えてみるといった冒険をしてはどうかということです。もともと自治体の役割なのですから、特例的に事務処理を認めてもらうというのではなく、自らの仕事として自ら取り組めばよいと言いたいわけです。

　もちろん、法律の字句どおりの解釈でいけば、国土交通大臣の許可がない以上、違法ということになりますが、それを最終的に判断するのは裁判所です。国からの刑事処分を待って法廷で争うという度胸が要りますが、そんな事件が全国各地で起きれば、裁判所も考え方を変えるかもしれませんし、国会も動かざるを得なくなると思います。そうやって適切な役割分担を勝ち取っていくのが分権時代のあり様ではないかと思い描きます。

### 規律密度を高くしているのは政・省令

　法律は、その執行を自治事務や法定受託事務として自治体に任せる一方で、その執行に関する細部の規定を、国の行政府が定める政令や省令に委ねています。個別法令の規律密度が高いために、自治体の地域特性に応じた執行が妨げられていると言われるのは、法律そのものよ

りも、政・省令への委任に原因があるのです。先に挙げた地方分権推進計画後の新規立法の研究結果も、例えば、持続性の高い農業生産方式の導入の促進に関する法律は、農業者が持続性の高い農業生産方式の導入計画を作成し都道府県知事の認定を受けると金融や税制上の支援措置が受けられるという制度をつくりましたが、その生産方式の内容や基準が省令で詳細に規定されているため、都道府県において地域特性に応じた解釈運用を行う余地がなくなっていると指摘しています。また、分権改革を先取りするといったふれ込みで改正された都市計画法第33条第3項も、開発許可の技術基準の強化と緩和を条例に委任していますが、所詮は「政令で定める基準に従い」という限界を設け、細目の決定に政令が幅をきかせていることに変わりはありません。

　このように見てくると、法令の規律密度の低下を実現するためには、政・省令への委任をできるだけやめることが肝要です。政・省令に代わって各自治体の条例に丸投げすることです。これまで、法律案も各省がつくり、それを補完する政・省令と一体的に立案してきましたから、法律と政・省令は一体のものと見られてきました。しかし、法律はあくまで国会がつくるものであり、政・省令は内閣や各省がつくるものです。したがって、政・省令へ委任するかどうかは、国会が決めることなのです。そうすると、分権時代になったのですから発想を切りかえて、国会がその法制度の詳細設計を委任するのに、国の行政府を優先させる必要はなく、各自治体も同等に扱われるべきだと言わなければなりません。政・省令ではなく、各自治体の条例が法律と一体のものとなる法構造があってもかまわないわけです。そういった形が分権時代には求められるのです。

### 枠組法か標準法か

　より地域特性に合った自治体行政の展開のためには、法律の詳細部分だけでなく、もっと基本的な部分まで踏み込んで、各自治体の条例で決めていくことが望ましいと考えられます。そのための「法律のあり方」が問われています。この点について今次の分権改革に先鞭をつけた第24次地方制度調査会の答申が、法律は制度の大枠的なものを定めるのにとどめ、制度の具体的内容は自治体の条例で規定できる仕組みにすべきであると言っているように、分権の流れの底流では、法律の「枠組法」化への志向が共通認識となっています。

　それではこの「枠組法」とは、どのようなものを構想すればよいのでしょうか。まず思い浮かぶのは、第7回の「自治事務立法はどこまでが国の役割か」のところで述べた「法律構造の基本的事項」だけを規定する法律のことです。しかし、それでは制度そのものも法律が決めてしまうことになり、自治体の自由度を広げるという点ではなお不十分です。「枠組み」ということからすれば、許可制にするか届出制にするかといった規制態様や、監督処分や罰則をどうするかといった実効性確保手段などを決めることも条例に任せるべきです。法律はそういう大枠を志向すべきものと考えます。

　しかしながら、法律では大枠しか定めないとするのは、具体的な制度設計は自治体がそれぞれ条例で定めることを予定しているからですが、すべての自治体が的確に対応できないかもしれないという不安があります。大枠であるにしても国には法律をつくった責任というものがあります。自治体が的確な条例対応をしないと国はその責任を果たせなくなります。そういうことからすれば、枠

組法化ではなく、法律（法令）は規律密度の高いものにしておいて、それを標準的なものとしてそのまま執行するのを通常状態とし、そのうえで、自治体にその法律を条例で書き換える自由を、まさに大枠の中で、保障するといったやり方も考えられます。なお、そういったルールを何に書き込むかということが問題になりますが、それこそ、一般法としての地方自治法の出番だと思います。

## 訓示規定ではおかしい

さて、個別法が地方自治法の立法原則のルールを守っていないのは、そのルールが「訓示規定」にすぎないという解釈がまかり通っているからです。そこでは、関与の一般ルール法の創設という話の中で注目された、他の個別法の立法を制約する法原理としての「一般法主義」は脇に追いやられ、個別法も地方自治法（その関与の一般ルールは地方自治法に書き込まれました）も同じ法律のレベルであるから両者に優劣はないという考え方が支配的です。その背景には省庁縦割りの分担管理原則の壁があります。地方自治法が一般法として他の省庁所管の個別法に優越するということになれば、総務省（旧自治省）が他の省庁に優越することを意味するから、そのようなことは認められるはずがなく、地方自治法の立法原則などの優越的な規定は訓示規定であるというしかないのです。しかし、このようなことで、全国自治体の拠って立つ基盤である地方自治法の位置づけが決まってしまうことには納得がいきません。

また、国会のほうも、自らの立法に制約を課す原則を自ら定めたわけですから、それを守らなくてもよいといった理屈が成り立つとは思えません。「後法は前法を破る」という法格言があって、立法行為を拘束することが

無理なことの引き合いに出されます。しかし、立法原則のルールそのものを改廃すると言うのなら分かりますが、そうではなくて立法原則のルールはそのままにしておいて、その立法原則と矛盾する立法を行うこととは話が違うと思います。

　訓示規定を巡っては様々な議論がありますが、そういったことよりも、地方自治法は、憲法規範である地方自治の本旨を具現化する憲法付属法であり、個別法よりも一段上の法律のはずだといった考え方を確立することこそ肝要です。そうなってこそ分権時代が到来したと言うことができます。地方自治法の立法原則に反するような個別法は違法の疑いがあるといった解釈を、自治体側が主張することが分権時代をはじめる鍵になると思います。

# 11 次のステップは住民分権

　自治体職員が自分の勤める自治体を「市」や「町」と言うときに住民のことを意識して言っているでしょうか。また住民が「市」や「町」と言うときには、自分たちもその一員であることを自覚して言っているでしょうか。そうではないように思います。「市」や「町」とは「市役所」や「町役場」のことを指しているのではないでしょうか。そこには、自治体が住民を構成員として成り立っていることが忘れがちです。言葉の使い方は、その行動や態度に表れるものです。「市」や「町」の自治体の範囲を画する囲いを「市役所」や「町役場」の囲いに縮め、住民をその囲いの外に追いやるような感覚に陥ってはならないのです。

　分権改革の次のステップを目指さなければならないこの時期、まさに、地方自治は誰のためにあるのかが問われています。今次の第一次分権改革は行政府機能の地方分権にとどまりました。そこでは自治体の自主・自立がテーマでした。次のステップは、住民の自主・自立がテーマです。住民自治がいかに根付くかということです。そういった意味で、第11回目は、地方分権は「住民分権」まで行き着かなければならないことを話したいと思います。

## 条例中の「市」や「町」は誰のこと？

　市や町の条例で「市の責務」や「町の責務」といった規定を置いている場合がありますが、この場合の「市」や「町」とは誰のことを指しているのでしょうか。同時

に「市民の責務」や「町民の責務」も規定されていることからすれば、「市民」や「町民」とは別のものを指していることになります。おそらく、首長をはじめとする行政機構のことを指しているのでしょう。それならそれで、「市長の責務」とか「市の行政機関の責務」とかの言い方をすればよいと思います。その辺りを意識的に考えないと、行政機関や議会の立場や役割を、ひいては住民の立場や役割を見失ってしまうことになります。

　もちろん条例中に「市」や「町」を、住民を含めた自治体全体の意として用いる場合があってもよいわけです。例えば、市民の責務の規定で「市民は市の施策に協力しなければならない」などと書かれている場合です。ここで言う「市の施策」には、市民も含めた市全体の、あるいはその市全体で決めた施策という意味合いを持たせていることになります。また、第8回の「条例主義を基本原則に掲げよう」のところで示した（76～77ページ参照）自治基本条例の「法令の自主解釈権」の規定で主語を「市は」としているのは、住民も条例請求の直接請求などを通して行使することを想定しているからです。

### 住民訴訟の構造がうまく言い当てていた

　ところで、2002年9月の改正前の地方自治法第242条の2第1項第4号前段の住民訴訟の構造は、住民の構成員としての立場をうまく言い当てていたと思います。その訴訟の形は、自治体に違法な公金支出などがあった場合に、住民が自治体に成り代わって、その支出に関わった首長個人や職員個人を直接被告として、自治体が被った損害を自治体に賠償せよ、という判決を求めて訴訟を提起するものでした。通常、法人の部外者は、法人格の囲いの中で活動している法人の機関を、その囲いを通り越

して直接被告として訴えることはできません。そこには、機関としての行為は法人内部のことであり、それは法人内部の自治に任せ、裁判所は取り合わないという考え方があり、部外者からの訴えは、法人そのもので受け止めることとされているからです。ところが、法人が自治体である場合には、対峙する一方当事者の住民は、その構成員ですから、法人の部外者ではありません。そこで、この住民訴訟は、住民の構成員としての立場を鮮明にし、住民を自治体の法人格の囲いの中に位置づけ、逆に違法な支出をした疑いのある首長や職員を囲いの外に追いやり別の法主体にする形をとっていたわけです。なお、改正後の現在の形は、住民が、法人の囲いの中で、損害賠償の相手とは別の機関を被告として間接的に訴え、勝訴したときには、その機関が別の法主体としての首長個人や職員個人に損害賠償を求めるというふうになりました。この形でも、住民の構成員としての立場は変わってはいませんが、住民を囲いの外に追いやってしまうような誤解を招きかねないと思います。

地方自治法第242条の2第1項第4号前段の住民訴訟の構造

〈改正前〉　　　　　　　　　〈改正後〉

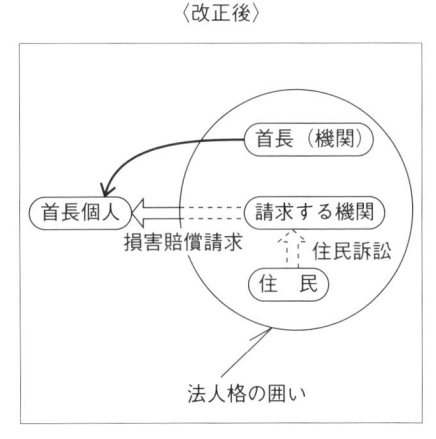

●次のステップは住民分権

## 自治体職員と住民との不幸な対立の構図

　これまでの中央集権体制の中で、自治体職員は、法律を執行することがその任務であると教えられ、住民の言うことを聞くよりも国の言うとおりに住民を説得するといった体質になってしまい、住民にとって対立物のように映っていました。また「何もかも国の法律で決まっている」といったことが、住民に地方自治への関心を薄れさせ、自治意識の醸成を阻んできました。しかも、国の監督と後見の下で執行する自治体の政策には、全国どこでもそれなりの平等感があるため、住民は、ますますみんなで決めることに無関心となり、自治体の執行部に任せきりになってきました。そこには、要求ばかりし、ミスをすれば必要以上に責め立てる住民の姿があり、防戦一方の自治体職員にとっては、どちらかと言えば敬遠したい存在となってきました。そこに閉ざされた役所となりがちな原因があります。情報公開条例の制定に当たっても、自治体職員には、訴訟になっても負けないように、非公開事由をいかにうまく書くかということに関心が集まったりするわけです。こういった関係は、自治体の役所が本来住民みんなのためにあるということからすると、不幸な関係と言うほかありません。

## 対立の構図は日本の伝統？

　新しい政策をつくるために委員を委嘱して審議会を開いても、事務局から原案を提示しないと始まらないし、委員は事務局に対して質問するだけで、委員同士で意見をぶつけ合ったりすることはめったにありません。質問に答えるのは事務局ばかりです。これが日本の自治体の審議会の大方の風景だと言ってよいと思います。この風

景は、議会の本会議や委員会の風景と同じです。議会では議員が議員に対して質問をすると不規則発言として処罰されると言われるほどです。ましてや、執行部側職員が議員に問い返すことなど許されるはずがありません。議場の形も議員と執行部が対立するように設計されています。こういった質問一辺倒と答弁一辺倒の風景は、自治体職員と住民の不幸な関係とダブってきますし、行政機構の中だけでなく、住民組織である自治会の運営にも見られます。このため、こういった風景は日本社会の伝統なのかと考えてしまいます。しかし、そうではありません。この風景は、明治の国会開設のときに、帝政ドイツの議場や議事運営の真似をしたところに源があるようです。それは皇帝の官僚に対して民の代表が陳情をするという形でした。日本でも明治時代ならそれでよかったのでしょうが、民主主義の現代に馴染むとは思いません。民主主義は、どちらが上でも下でもない、双方向の対話によって成り立つものだからです。

## うまく行っていないことも情報共有

　自治体職員と住民とが双方向の対話をするためには、その前提として、両者間に情報の共有がなければなりません。住民とのパートナーシップを標榜するのなら、なおさらのことです。それは、これまでの対立物のような関係を脱却し、お互いに腹を割って話し合える関係を築くということです。ところが、これまでの情報公開制度では、役所内部で意思の固まっている情報だけを公開し、案の段階にとどまっている情報は公開しないこととしてきました。しかし、パートナーを頼みながら、いつまでも、決まったことだけしか伝えないのであれば、パートナーシップは絵空事と言われても仕方がありません。政

策形成過程の情報を、むしろ積極的に公開すべきなのです。第8回の「自治体の「信託のかたち」は住民参加が基本」のところ（73ページ参照）でパブリック・コメントが自治体の必須の装備と言うのは、そういった意味です。

　さて、分権時代の自治体の政策や仕事は、法律で決まっているから、国庫補助金があるから行うのではなく、住民のニーズがあるから、住民が困っているから行うというふうに変わっていかなければなりません。そうなると前例がなく一から創っていくことが多くなり、はじめからうまく行かないこともあるはずです。ところが、行政には無謬の神話があり、自治体職員は、うまく行っていないことを正直に話せない呪縛がありました。そのために積極策をとれないもどかしさもありました。しかし、失敗は成功の素と言うように、失敗を恐れずに果敢に挑戦することこそ望ましい姿です。失敗が成功の素となるためには、住民にも失敗を隠さず、みんなで情報を共有し、分析・検証することが重要なのです。うまく行っていないことこそ住民と情報共有するという姿勢を持たないとパートナーシップは築けないと思います。

## 住民に決定を丸投げする

　自治体施策が結局行き詰る原因は、案が固まるまで内部裡に進めるといったところに原因があるようです。結果の良し悪しも大事ですが、住民の知らないうちに物事が決まってしまうことに対する住民の不満のほうが重大です。そうは言っても、決まってもいない話をするのは無責任ととらえる向きが、住民には強くあります。しかし、「公共」の決定は役所の独占物ではありません。役所が決めることと住民が決めることとの役割分担があっ

てもよいはずです。ここはひとつ、住民にその役割を担ってもらったほうが、うまく行くこともあると思います。例えば、ゴミ焼却場をどこに建設するかといった場合に、行政側が候補地を決定して、地元住民から猛反対が起きて収拾がつかない事態を招いたという話が多い中で、みなさんで決めてくださいと候補地の決定を住民に丸投げしたところ、時間はかかりましたが、住民がみんなで意見を言い合い、結局はうまく行ったという話があります。このことは、これからの公共の決定のモデルを提示しているように思います。

## 直接請求は重いもの

さて、住民の意思反映の仕組みとして、地方自治法は、住民の一定数の署名収集を要件とする直接請求制度を用意しています。選挙で選んだ首長の解職や議会の解散を求めるリコールもありますが、何と言っても重要なのは条例請求です。ところが、この請求は発案にとどまるため、「民意を反映するのは議会である」といった理屈が通り、署名収集の困難さ（有権者の50分の1以上）のわりには簡単に議会で否決されることが多いようです。しかも、請求される条例は、最近では住民投票条例が多く、このことは住民の自治体の意思決定に直接参加したいという強い意思表明であるにもかかわらずです。それを簡単に否決するというのでは多数決の不合理さを感ぜざるを得ません。確かに、条例請求は、議会では少数派の立場にある住民からなされるために、こういった結果になるのは頷けますが、もっと慎重な取り扱いがなされてもよいのではないかと思います。地方自治法には、ようやく、議会審議において請求代表者の意見を述べる機会を保障する規定が置かれました（第74条第4項）が、それ

までは、議会は請求者住民の声を聴くことなく、首長からの意見だけを判断材料として採決してきたのです。そこで、もっと踏み込んで、条例案が否決された場合には住民投票にかけるなど、もう一度住民が決定に関わるチャンスを設けるべきだという意見があります（兼子仁著『新地方自治法』（岩波新書）63〜64ページ参照。ただし、その場合には署名数の要件を引き上げることを前提にしています）。

　なお、直接請求制度そのものではありませんが、同じく住民参加手法としての意義を持っている住民監査請求・住民訴訟も、住民自治という観点からは、首長ばかり相手にするのではなく、不当・違法な利得を得た住民に対してその責任を追及するといった話があってもよさそうに思います。

## 住民分権へ

　介護保険のスタートをきっかけに、NPOやボランティア組織による福祉サービスが活発化し、住民にも、従来のように役所に要求ばかりするのではなく、公共の仕事も自分たちに出来ることは自ら担っていこうとする気運が芽生えています。「公」は役所の独占物ではなく、NPOや市民活動も「公」の担い手であるという考え方も一般的になってきました。

　ところで、デンマークで地方分権と言えば、自治体（コミューン）への分権のことではありません。それはもはや過去の話であり、現在は、住民ないしユーザーへの分権のことを言うそうです。1980年代から1990年代にかけて徹底的な地方分権を受けた自治体は、学校、保育園、高齢者センターなどの施設への分権を行い、その次のステップとして施設のユーザーや住民への分権を進め

ています。そこでは、自治体ごと、施設ごとに、個性豊かな分権が進められているということです。小学校では、それぞれその内から選挙で選ばれる父母の代表、教職員の代表、さらに生徒の代表から成る学校運営委員会に、学校の運営権や経営権まで分権しています。そこでは、教育カリキュラムや学級編成はもちろんのこと、教職員の人事権や給与額の決定権まで与えられているそうです。驚くべきことは、これらの決定について、生徒の代表も発言権を持ち決定権の一端を担っていることです（竹下譲編著『世界の地方自治制度（新版）』（イマジン出版）114～133ページ参照）。

●次のステップは住民分権

　さて、日本でもデンマークと似たような、地域住民や保護者などから成る学校運営協議会を設け、地域の実情に応じた特色ある学校づくりを実現しようという試みが、地方教育行政の組織及び運営に関する法律の改正により行われることになりました。しかし、その学校は教育委員会が指定したものに限られるし、その委員は教育委員会が任命するといった、教育委員会主導であるところに、デンマークとの大きな違いがあります。日本の学校教育における市町村自治は、文部科学省－都道府県教育委員会－市町村教育委員会という最も中央集権的な縦割りの系列の中で、市町村立小中学校の教職員は市町村の職員であるにもかかわらず、その人事権が都道府県にあるため、都道府県の職員と誤解されているほど、脆弱です。そんな中での一足飛びの住民分権です。自治体自体の分権の土壌が未熟な中でうまく行くか悲観的ではありますが、この学校運営協議会が、先に見た日本の審議会の風景を一変させるものであってほしいと願うものです。

## 12 分権時代は政策法務とともに

　ここまで繰り返し述べてきたように、地方分権改革の目指すところは自治体の自己決定権の拡大であり、その行き着くところは住民の自己決定権の充実です。そして分権時代にあっては、自治体の政策は、国から与えられるものではなく、自治体が自ら創っていくというふうに変わっていかなければならないということです。しかも、近年の危機的な財政事情が手伝って、限られた資源を有効に活用する戦略的思考や、Plan→Do→Seeサイクルに則った目標管理の考え方が、自治体にも求められています。そこでは、もはや前例踏襲は通じなくなり、法律や国の制度に追随するだけでは立ち行かなくなるといった認識が広がり、そのため、自治体にも、政策づくりを支えるための理論装備がどうしても必要となってきました。「政策形成能力」や「政策法務能力」が自治体職員にも必要だと言われ出し、「政策形成」や「政策法務」といった科目が職員研修に取り入れられるようになったのも、こういった背景があるからです。

　ところで、法治行政の観点からすれば、自治体の行政活動のほとんどが「法務」と関わっていると言うことができます。そうした法務であるにもかかわらず、とかく自治体職員は、法的な事柄については、自主的な決定をはばかるようなところがあり、中央省庁の指導を求め、これに頼ってきました。政策法務は、そんな中から、地方分権改革に向けて、自治体の自主性や政策主体性を唱える運動論として歩みを続けてきました。政策法務は、理論としてはまだまだ発展途上のものではありますが、

運動論としては分権改革とともに歩んできたという歴史があります。そこで、最終の第12回目は、法務の視点から改めて地方分権改革を眺めつつ、分権時代を確たるものにするための理論的支えとして、政策法務が「自治体法務の最前線」を押し上げてくれることを期待しながら、本書の結びにしたいと思います。

## 伝統的法務は中央省庁の法律解釈の枠の中

　伝統的な法律学は、既存の法律条文を大前提として、それに問題となる事実をあてはめて、合法か違法かを判断する裁判実務や行政実務のために、その論理操作を含めた条文解釈を提供することを主たる任務としてきました。自治体の事務の根拠法となる行政法規は、ほとんどが内閣提案であるため、原案をつくった所管省庁がその法律学的任務を担い、その法律解釈を通達により自治体に提示してきました。自治体側もその通達を頼りにしてきました。しかも機関委任事務の場合には、その通達は自治体を拘束してきたのです。

　立法行為は課題解決のための政策形成にほかならないのですが、従来の法律中心の考え方の下では、立法はもっぱら国が担い、自治体は決定された政策である法律を執行するだけという立場に置かれてきました。そのため、自治体職員は、国の法令や所管省庁からの通達を「所与」のものとみて、その枠内でしかものごとを考えられないような体質に育まれてきました。そこでの自治体法務は、法律を政策とみる発想はありませんでした。

　伝統的な法務の世界に閉ざされていると、法律学を学び法律や法律解釈に強い自治体職員がいたとしても、かえって既存の法律の枠に縛られ、例えば、既存の法律ではうまく行かないような課題に対し新たに自主条例を制

定し独自の政策を展開していこうとするときに、「条例と法律の目的が同じであれば違法である」とか「上乗せ条例は違法である」とか、型どおりのことを言って足を引っ張ってしまうことになるのです。

### 法制執務は改正内容を分かり難くさせる技術？

　伝統的な法務ということでは、条例などの書き方の技法にしか過ぎないのに、ことさら法務を小難しくさせている「法制執務」があります。この法制執務に則った条例案等の審査が全国自治体の法制担当者のもっぱらの職務となっています。法制執務は、法令や条例の骨格やその骨格となる条文の書き方を教える一方で、改正の手法については、条文中の字句の改正や削除、条項自体の追加や削除または繰り上げや繰り下げなど、溶け込み方式と呼ばれる細かい技法を教えてくれます。しかしながら、その技法は特別に習った者にしか分からず、誰にでも一般的に通用するようなものではありません。ましてや精緻かつ複雑な技法となると熟練者でなければなかなか分からないものです。しかも、例えば「〇〇」を「××」に改めるといった字句改正をするのに「〇〇」の部分の字数はできるだけ少ないほうがよいとされ、そのために改正文だけを見ていたのでは何のことかさっぱり分からないといったことになります。また膨大で複雑な改正文となると、とても読む気が起こらないようなものになってしまいます。ということは、自治体当局は、住民に理解不可能な改正条例を公布しているのであって、住民との情報共有という観点からは重大な問題です。

　そのため、かねてから新旧対照方式の改正手法が提唱されています。要するに改正前と改正後の全文を改正文で明らかにするといった手法で、誰にでも分かりやすい

し、誰にでも簡単につくれるというものです。しかし、今のところは、ごく一部の自治体しか取り入れていません。ここは全国自治体が連帯して取り組む必要があると思います。

## 政策法務は自治体の法令解釈権とともに

さて、法律は全国画一であるため地域の個別ニーズに対応できず、また社会的な要請に対して遅れがちであるため、法律に従っていたのでは住民生活を守れない場合があります。そのため、例えば、高度経済成長期にはじまる乱開発・マンション建設ラッシュに対し、法律の規定をかいくぐって開発指導要綱を制定し、行政指導という手法により良好な都市環境の整備・誘導を図ったり、公害規制に関し「法律の規制は全国的最低基準を定めたものにすぎない」と自主的解釈をし、法律より厳しい規制を定める「上乗せ」公害防止条例を制定したりする自治体が現れました。それは、自治体側からの、地方自治法第2条第12項の「地方自治の本旨」に基づいた法令解釈の主張であり、そこには法令解釈を政策とみる思考がありました。しかし、その「政策法務」は、法律優位の中では裏技のようにみられていました。

## 地方分権が政策法務の世界を広げる

そのような自治体の政策法務が展開される中で地方分権改革が日の目をみました。地方分権は、それまで政策をもっぱら執行する立場にあった自治体を、自ら政策をつくる立場、すなわち立法を担う立場に転じさせることを意味し、それは、法令解釈権にとどまらず、正面から自治体の条例制定権を拡大することにほかなりません。しかも、今次の第一次分権改革では、住民に身近な行政

はできるだけ自治体の役割として国の役割を限定する、国と自治体との役割分担の原則が規範化されたため、自治体の政策領域は大いに拡大されたはずです。また、機関委任事務が廃止され、自治体の事務は自治事務が原則ということになったため、自治体の自主立法である条例が、事務の根拠法として中心を占めるようになったとみるべきです。

　そうなると、条例づくりにおいても、これまでのように国の準則やモデルに頼るというわけにはいかなくなって、そのための知識や技術を提供してくれる理論的なものが必要となってきます。こうして政策法務が理論として発展していく土壌ができたわけです。

## 政策法務は理論と実務を射程に

　政策法務は、その生い立ちからして、自治体の実務と切り離せるものではありません。そのため、政策法務は、理論と実務の両方を射程にとらえることになります。理論は実務から学びその成果を実務に提供し、実務は理論に学びその研究材料を理論に提供するという相互関係に立ちますが、政策法務は、その双方をとらえるといった感じです。そこで、政策法務の定義についても、例えば「法を政策実現のための手段ととらえ、政策実現のためにどのような立法や法執行が求められるかを検討する、実務及び理論における取組み」（礒崎初仁著『分権時代の政策法務』（北海道町村会）５ページ。著者はその後「立法や法執行」のところを「立法、法執行および訴訟対応」に修正する考えを示しています）とされるわけです。もっとも、この定義には「自治体における」という枕詞がつくはずですが。なお余談ですが、政策法務の研究者に自治体職員の出身者が多いのも、そのためかと思われます。

## 政策法務はPlan→Do→Seeサイクルで

　さて、政策法務の理論は、行政の事務事業に評価の視点が求められるようになったことから注目を浴びた、Plan→Do→Seeサイクルで自治体の法務をとらえようとしています。このサイクルは、仮説→実験→検証という、まさに科学の手法であって、そういう意味で、政策法務のアプローチは、伝統的法律学が果たして科学と言えるのかという論争の中から生まれた「法社会学」が、社会的事実を分析し「法」に関する社会法則を探求する経験科学として構想されたのと、相通じるものがあると思います。政策法務の対象は、先の定義にも見られるように、条例制定といった自治立法だけでなく法令解釈も重要なウエイトを占めます。しかし、ここでは、ひとまず条例制定を取り上げてPlan→Do→Seeの各段階に有用な、政策法務の技法や知見を見ていきたいと思います（ここからの話は、北村喜宣・礒崎初仁・山口道昭ほか著『政策法務研修テキスト』（第一法規）および田中孝男・木佐茂男著『テキストブック自治体法務』（ぎょうせい）を参考にしてください）。

## Planでは立法事実を備えているか等の事前評価

　まずPlanの段階は、条例の制定過程にほかなりませんが、そこでは課題設定とそれに続く現状把握からはじまり、課題解決の目標設定をし、その目標と現状とのギャップの原因の究明・明確化をし、条例化の必要性を検討したうえで、Doの段階の執行の手段となる行政手法を取捨選択し、条例案をつくってみます。そして出来上がった条例案をシュミレーションし、必要性・有効性・効率性（コスト計算を含みます）・協働性・適法性（特に

人権保障の観点からの適法性が重要です。また訴訟に耐えうるかといった視点も大事です）などの観点から事前評価して案を確定させ、議会の議決へと進む過程です。その際、条例は、その合理性を支える社会的・経済的・文化的な一般的事実を「立法事実」として備えていなければなりません。条例は、課題解決・目標達成の一手法・手段であり、それが立法事実の裏付けを持つということは、課題設定・目標設定が適切であり、かつ、行政手法としての条例内容も合理的であることを意味します。なお、課題設定や目標設定は、条例の目的規定の内容に反映されるものとなります。

### Doは条例で定めた行政手法の執行

　Doの段階は、条例の中身である行政手法の執行の段階です。その行政手法には、①規制的手法として、禁止、許認可、協議・同意、届出、行政指導など、②誘導的手法として、補助金、税の免除、認証制度など、③合意形成手法（コミュニケーション手法）として、協定、意見書提出、パブリック・コメント、公聴会など、④民間活力活用手法として、民営化、民間委託、PFI、住民やNPOへの権限移譲など、⑤紛争処理手法として、あっせん・調停、苦情処理、オンブズマン制度など、そしてこれら（特に①）の二次的手法の意味を持つ、⑥実効性確保手法として、刑罰、過料、命令（行政処分）、許認可の取消し、行政上の強制執行、行政上の即時強制、氏名等の公表などがあります。これらを取捨選択して条例内容とするのはPlanの段階ですが、執行自体はDoの段階の話です。執行にあたっても、執行目標を定め計画的になされることが求められます。

条例法務のPlan→Do→Seeサイクル

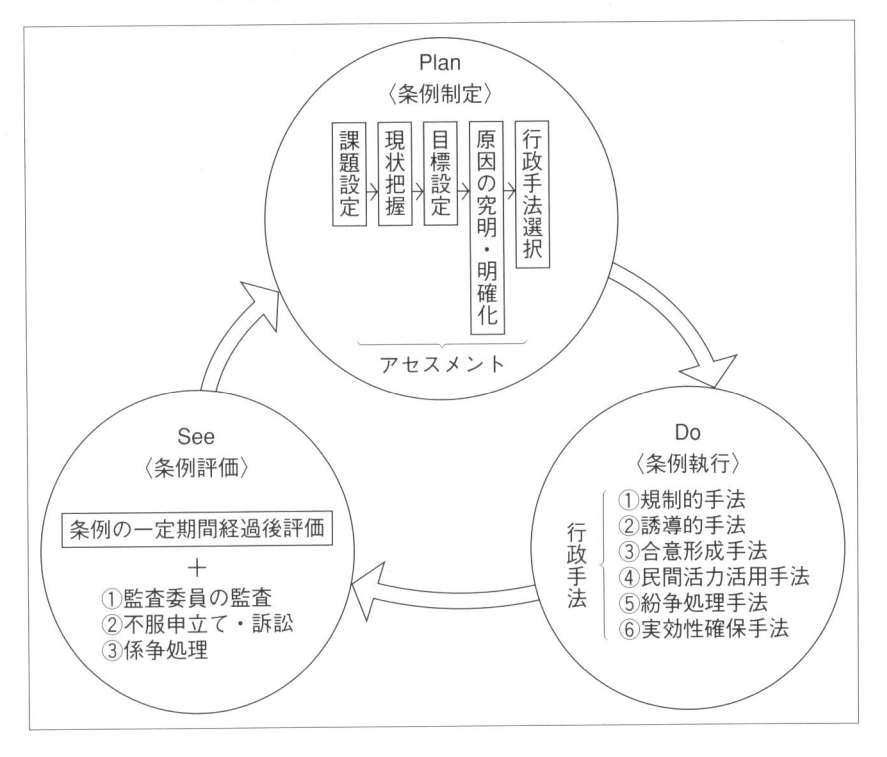

```
             Plan
          〈条例制定〉
   課題設定→現状把握→目標設定→原因の究明・明確化→行政手法選択
             アセスメント

  See                          Do
〈条例評価〉                  〈条例執行〉
条例の一定期間経過後評価      行政手法
  ＋                          ①規制的手法
①監査委員の監査              ②誘導的手法
②不服申立て・訴訟            ③合意形成手法
③係争処理                    ④民間活力活用手法
                              ⑤紛争処理手法
                              ⑥実効性確保手法
```

　ところで、これまで、実効性確保手法は「伝家の宝刀」扱いがなされてきたきらいがありますが、Plan→Do→Seeサイクルの観点からは「抜く」ことを当たり前のこととして設計されなければなりません。そうでなければ「実効性確保手法」の名に値しません。実効性確保手法は、刑罰が警察や検察の手に委ねられるほかは、その自治体の職員が自らの手で実行するものです。ただし、行政代執行法の適用がない非代替的作為義務や不作為義務の履行確保については、裁判所の手を借りて民事上の強制執行に委ねることができるとする考え方がありました。ところが、最高裁は、この考え方を覆し、宝塚市パチンコ店建築等規制条例事件において、条例に基づく建

築中止命令などの行政上の義務履行を求める訴訟は不適法である、つまり自治体は行政上の義務履行確保のために裁判所の手を借りてはいけないとの判断を示し（2002年7月9日判決）、衝撃を与えました。この判決の考え方が定着していくということであれば、基本的人権の尊重に配慮しなければなりませんが、不作為義務などについても、自治体自ら執行する方法を編み出すなど、自治体法務には新たな展開が求められることになります。

　なお、実効性確保手法の執行には比例原則が適用されることを忘れてはなりません。例えば、条例違反や是正命令違反の重大さの程度と罰則の軽重の程度に比例関係がなければならないことです。それともう一つ、比例原則が考慮されなければならないことがあります。条例違反の状態があっても、一旦条例を根拠とする是正命令を発し、その命令違反に対して、罰則を課したり強制執行をかけたりするのが通常のやり方です。ところが違反状態が特に重大である場合にあっては、条例に定めておくことにより、禁止性をとったうえで、是正命令の手続きを飛ばして、直罰方式をとったり即時強制をかけたりすることができますが、その際、違反状態が特に重大であることと比例的でなければならないということです。

　こういったことを含めて、政策法務の理論としては、これらの行政手法をどれだけ用意することができるか、いかに整序立てることができるかといったことが課題になります。こういった内容が理論的に整理され活用されるようになれば、これまで国の準則やモデルに頼ってその枠の中だけでコピーのような条例をつくることが多かったことを考えると、大きな進歩です。政策法務は、自治体の自己決定を広げるための道具として大きな意義を果たすことになると考えます。

## See段階の訴訟にマイナス・イメージは禁物

　Seeの段階は、条例そのものが課題解決や目標達成のために有効・適正であったかといった点を評価し、見直しにつなげる段階です。そのためには、条例にも一定期間経過後必ず評価を行うといった制度を創設することが必要です。そのことを自治基本条例に書き込むとか個々の条例の付則で定めるとかの方法が考えられます。それとともに、Seeの段階には、条例の執行が有効・適正・適法であったかどうかといった点を通じた評価の過程として、①監査委員による監査などの行政内部の評価、②住民からの行政不服申立てや訴訟の提起（住民監査請求・住民訴訟も含みます）、③国や都道府県からの行政関与とこれを巡っての国地方係争処理委員会や自治紛争処理委員における係争処理が挙げられます。②や③は裁判所での司法審査と直結しています。ところで、これまでは、自治体側が訴えられると言うだけでマイナス・イメージと受け取ってしまうきらいがありましたが、それは違うと思います。PlanやDoが、いい加減であってもよいと言っているのではありません。逆にPlanやDoを積極策として地域社会に投げかけているからこそ、訴訟は、次のPlanにつながる意味のある評価・検証のステップとみることができるし、そうみるべきなのです。したがって、自治体側が敗訴したからといって、政策条例の場合には、動じることはないと思います。むしろ、いまだに法令が条例よりも一段上と考えている裁判所の形式的な判決に、従順に従うことのほうが問題です。他の自治体と連帯しながら、自治体政策の正当性を勝ち取っていくための方策を練ることのほうが重要だと考えます。もちろん、そこには、住民の生命や人権や生活を守ると

いうことが前提になければなりませんが。

## 政策法務は現場の実践から生まれる

　法務のPlan→Do→Seeのサイクルの実務を担うのは、住民と向き合い、地域の課題と向き合う「現場」の自治体職員を措いてはありません。課題発見と現状認識から目標設定を経て政策立案に至るPlanの段階は、現場を抜きには語れませんし、Doの段階を担うのはまさに現場の第一線の自治体職員であります。またSeeの段階も次のPlanを担う現場の職員が立ち会わないと意味がありません。ところが、とかく自治体の行政組織は、企画と執行を切り離しがちですが、それでは良い発想は出てきません。企画と執行の分離は、国から伝わってきた政策を現場に伝えるためには適した組織形態だったかもしれませんが、現場からの課題発見を政策につなげるための政策形成や政策法務に適しているとは思えません。

　それと、もう一つ、住民も「協働」という新しい市民参画の考え方の上に立って、政策法務の一翼を担ってもらいたいと思います。条例は「みんなのことはみんなで決める」原理が働く「住民みんなのもの」だからです。

## 法律に強く政策法務を実践するタイプの職員を目指そう

　法律に強い自治体職員にも「法律に使われるタイプ」と「法律を使おうとするタイプ」があると言われます。法律に使われる困ったタイプは、先にみた伝統的な法務に安住しているタイプです。このタイプは一つ間違えると、一昔前（1931年）に故末弘厳太郎博士が、お役所勤めをすることになった若者に対し役人の世界で出世するための心得を説くという設定のもとに、常識の通じない

役人の世界を皮肉った著作「役人学三則」の中の「およそ役人たらんとする者は法規を盾にとりて形式的理屈をいう技術を修得することを要す」の一節を地で行くようなタイプになりかねない危険があります。

　政策法務を先導する時代には、法律に強く法律を使おうとするタイプの職員が求められました。法律の字句を鵜呑みにするのではなく、法律の目的に沿った柔軟な解釈を主張し、自治体独自の政策を実現していくタイプの職員でした。分権時代を切り開いていくためには、既存の法律があってもなくても、地域や住民のニーズがあるなら、あるいは地域や住民が困っているなら、その課題解決に向けて、立法事実を検証しながら、堂々と条例制定を主張し、仮に既存の法律との抵触の懸念があっても、役割分担の規範的意味を力説し、機関車のように力強く他の職員を引っ張っていくようなタイプの職員が求められています。

　それとともに、これからの分権時代は、法律に強く政策法務を実践するタイプが求められます。自治体職員には、条例（条例だけでなく法運用も含みますが）をつくるだけでなく、つくった後も、課題解決に向けて、コスト計算を含め有効に機能しているかを絶えず検証し、うまく機能していないときは直ちに見直すといった科学的・合理的態度が必要であると言いたいわけです。そこには、法制度を"あるもの"から"つくるもの"へと転換させる発想と相通じるものがあります。

●著者紹介

提中　富和（だいなか　とみかず）

1953年生まれ。1979年3月創価大学大学院法学研究科博士前期課程修了。法学修士。
1979年4月大津市役所入所。1983年9月から2000年3月まで総務部総務課に在籍し法規・訟務を担当する傍ら、職員研修で地方自治法・行政法など法学の科目の講師を務める。
2002年4月から2004年3月まで滋賀県市町村職員研修センターへ派遣。現在、建設部交通政策課参事。

●最近の主な著書・論文紹介

著書　『自治体法学ゼミナール』1998年、中央経済社（共著）
論文　「分権時代の条例論－その民主的決定システムを考える」自治実務セミナー、2000年5月号・6月号（39巻5号・6号）「やわらか頭の法学ゼミナール!?」地方自治職員研修2000年9月号・10月号（33巻9号・10号）「創造的自治体職員像－「科学としての法律学」の蘊蓄に学ぶ」地方自治職員研修2001年8月号・9月号・10月号（34巻8号・9号・10号）など。

## コパ・ブックス発刊にあたって

　いま、どれだけの日本人が良識をもっているのであろうか。日本の国の運営に責任のある政治家の世界を見ると、新聞などでは、しばしば良識のかけらもないような政治家の行動が報道されている。こうした政治家が選挙で確実に落選するというのであれば、まだしも救いがある。しかし、むしろ、このような政治家こそ選挙に強いというのが現実のようである。要するに、有権者である国民も良識を持っているとは言い難い。

　行政の世界をみても、真面目に仕事に従事している行政マンが多いとしても、そのほとんどはマニュアル通りに仕事をしているだけなのではないかと感じられる。何のために仕事をしているのか、誰のためなのか、その仕事が税金をつかってする必要があるのか、等々を考え、仕事の仕方を改良しながら仕事をしている行政マンはほとんどいないのではなかろうか。これでは、とても良識をもっているとはいえまい。

　行政の顧客である国民も、何か困った事態が発生すると、行政にその責任を押しつけ解決を迫る傾向が強い。たとえば、洪水多発地域だとわかっている場所に家を建てても、現実に水がつけば、行政の怠慢ということで救済を訴えるのが普通である。これで、良識があるといえるのであろうか。

　この結果、行政は国民の生活全般に干渉しなければならなくなり、そのために法外な借財を抱えるようになっているが、国民は、国や地方自治体がどれだけ借財を重ねても全くといってよいほど無頓着である。政治家や行政マンもこうした国民に注意を喚起するという行動はほとんどしていない。これでは、日本の将来はないというべきである。

　日本が健全な国に立ち返るためには、政治家や行政マンが、さらには、国民が良識ある行動をしなければならない。良識ある行動、すなわち、優れた見識のもとに健全な判断をしていくことが必要である。良識を身につけるためには、状況に応じて理性ある討論をし、お互いに理性で納得していくことが基本となろう。

　自治体議会政策学会はこのような認識のもとに、理性ある討論の素材を提供しようと考え、今回、コパ・ブックスのシリーズを刊行することにした。コパ（COPA）とは自治体議会政策学会の英語表記 Councilors' Organization for Policy Argument の略称である。

　良識を涵養するにあたって、このコパ・ブックスを役立ててもらえれば幸いである。

自治体議会政策学会　会長　竹下　譲

COPABOOKS
自治体議会政策学会叢書
## 自治体法務の最前線
―現場からはじめる分権自治―

| 発行日 | 初刷 2004年7月26日 |
|---|---|
|  | 二刷 2009年9月15日 |
| 著 者 | 提中 富和 |
| 監 修 | 自治体議会政策学会 |
| 発行人 | 片岡 幸三 |
| 印刷所 | 倉敷印刷株式会社 |
| 発行所 | イマジン出版株式会社 © |

〒112-0013 東京都文京区音羽1－5－8
電話 03-3942-2520　FAX 03-3942-2623
http://www.imagine-j.co.jp

ISBN978-4-87299-364-6　C2031　¥1300E
乱丁・落丁の場合は小社にてお取替えいたします。

**コパ・ブックス**
# COPA BOOKS

**自治体議会政策学会叢書**

☆最新の情報がわかりやすいブックレットで手に入ります☆

## 分権時代の政策づくりと行政責任
佐々木信夫（中央大学教授）著
■分権時代の国と地方の役割、住民の役割を説き、「政策自治体」の確立を解説。
■地域の政治機能、事務事業の執行機能に加え、今問われる政策立案と事業機能を説明。
□A5判／80頁　定価945円（税込）

## ローカル・ガバナンスと政策手法
日高昭夫（山梨学院大学教授）著
■政策手法を規制・経済・情報の3つの類型で説明。
■社会システムをコントロールする手段としての政策体系がわかりやすく理解できる。
□A5判／60頁　定価945円（税込）

## ペイオフと自治体財政
大竹慎一（ファンドマネージャー）著
■自治体の公金管理と運用の力量が問われる時代。自治体公金管理者は公金の動きをどのように把握すべきか。ニューヨークを足場にファンドマネージャーとして活躍する経済人の目から、自治体財政の改革点を指摘。タイムリーなお薦めの書。
□A5判／70頁　定価945円（税込）

## 自治体議員の新しいアイデンティティ
持続可能な政治と社会的共通資本としての自治体議会
住沢博紀（日本女子大学教授）著
■政治や議会が無用なのか。政党と自治体議会の関係はどのようにあるべきかを説く。新たな視点で自治体議員の議会活動にエールを送る。
□A5判／90頁　定価945円（税込）

## 自治体の立法府としての議会
後藤仁（神奈川大学教授）著
■住民自治の要として、自治体の地域政策の展開が果たす役割は大きい。立法府としての議会はどのように機能を発揮すべきか。議会改革のポイントを説く。
□A5判／88頁　定価945円（税込）

## ローカル・マニフェスト
―政治への信頼回復をめざして―
四日市大学地域政策研究所（ローカル・マニフェスト研究会）著
■マニフェストが一目でわかる初めての解説書。
■イギリスのマニフェスト、中央政府のマニフェスト、ローカルマニフェスト、大ロンドン市長のマニフェストも詳細に解説。マニフェスト政策実例集も紹介。
□A5判／88頁　定価945円（税込）

## 地域のメタ・ガバナンスと基礎自治体の使命
―自治基本条例・まちづくり基本条例の読み方―
日高昭夫（山梨学院大学教授）著
■公共空間再編に家族部門、コミュニティ部門、ボランタリー部門、市場部門、政府（行政）部門の5助システムを定義。
■「自治・分権」「参加・協働」を機軸に、地域の特性にふさわしい社会システムの再構築を新たな視点から提案。
■ガバナンスの総合調整役としての基礎自治体の政策課題を解説。
■メタ・ガバナンスの基本設計「自治基本条例・まちづくり基本条例」の全国制定状況や内容を分析。
□A5判／100頁　定価945円（税込）

---

**イマジン出版**
〒112-0013 東京都文京区音羽1-5-8
TEL.03-3942-2520　FAX.03-3942-2623
http://www.imagine-j.co.jp/